Amor-Sabio

Amor-Sabio

El bhakti y la búsqueda tras el alma de la conciencia

PRANADA COMTOIS

CHANDRA

Derechos de autor © 2021 Pranada L. Comtois
www.pranadacomtois.com

Publicado por Chandra Media
ISBN 978-0-9996654-8-0

Portada y diseño de texto por Raghu Consbruck
www.eighteyes.com

Amor Sabio se establece con las tipografías Bembo y Cyan.
La primera versión de Bembo fue hecha por Francesco Griffo alrededor de 1496 para su uso por la impresora veneciana Aldus Manutius.
Cyan fue diseñado en 2005 por Robbie de Villiers,
un prolífico diseñador de fuentes, inspirado en
Classic Roman and Bodebeck.

Ganador de la Medalla Montaigne

"Para los libros más estimulantes que iluminan, permiten progresar o redirigir el pensamiento".

Elogios a Amor Sabio

Amor sabio es el acompañante perfecto para quien busca comprender la verdadera naturaleza del amor. El amor se presenta en varios tonos y grados. Pranada Comtois ofrece en *Amor sabio* una exploración del amor expresada como devoción a algo que está más allá de nosotros y en nosotros. Esa devoción o *bhakti* nos lleva al amor eterno y verdadero que nuestros corazones buscan. El libro es para aquellos que puedan sentirse desilusionados por los tipos de amor más materialistas y anhelan profundizar en lo Divino.

— Debra Moffitt,
autora de *Garden of Bliss* y *Awake in the World*

Pranada contribuye eficazmente a todos los interesados en sumergirse más profundamente en la vía del Bhakti — el Camino del Amor y la Devoción — ofreciéndonos una puerta de entrada al corazón universal y al poder del amor que nos transforma a todos, nuestra propia naturaleza y fuente de comprensión.

— Shiva Rea,
autora de *Tending the Heart Fire*
y fundadora de Global School for Living Yoga
y Global Mala Project

Pranada Comtois nos demuestra en *Amor sabio* que cultivar la conciencia despierta y el gozo perfecto no solo es posible, sino que es nuestro derecho de nacimiento. Reclama el tesoro con el que los místicos de todas las tradiciones han captado nuestra atención: un encuentro transformador entre el amante y el Amado, en el que el alma individual se funde en el mar luminoso del Amor.

– Mirabai Starr,
autora de *Dios de amor: Una guía al corazón del judaísmo, cristianismo y el islam* y *Caravana sin desesperación: una memoria de pérdida y transformación*

Qué refrescante encontrar un libro bien escrito que presente la vía del Bhakti de una manera práctica que cualquiera pueda aplicar en nuestro mundo moderno.

– Tosha Silver,
autora de *Outrageous Openness* y *Change Me Prayers*

No subestimes este libro. *Amor sabio* ofrece sabiduría y emoción profunda. Esto es Zen Bhakti Yoga. Es brillante, conciso y jugoso.

– Jeffrey Armstrong,
Autor, Filósofo, Erudito Védico y Poeta

La profesora y practicante Pranada Comtois ofrece a los lectores en su innovador texto *Amor sabio*, una excepcional combinación de exégesis precisa y percepciones de sentido común en torno al viaje a la autoconciencia. Los escritores gravitan con demasiada frecuencia hacia los extremos al rastrear la conciencia – el ser central fundamental que es a la vez sujeto y objeto de la práctica contemplativa –, favoreciendo un análisis separado de los textos o una exposición condescendiente de percepciones personales. En consecuencia, a los lectores se les presentan fragmentos del viaje espiritual, pero sin una idea clara de a dónde conduce. Podemos agradecer a Pranada el que haya tenido tanto esmero en fundamentar su muy asequible trabajo en una exposición académica pero sencilla del

Vedanta clásico. Aquí tenemos por fin una guía práctica para todos los buscadores sinceros, para saborearla y celebrarla.

– Joshua M. Greene,
Profesor Adjunto, Estudios Religiosos, Universidad Hofstra

Amor sabio se muestra como un umbral sublime en un nuevo orden del ser: el reino de ananda, o dicha espiritual, en relación con lo Divino. Lleva al lector a una comprensión más secreta y confidencial del intercambio amoroso que existe más allá de los conceptos limitados disponibles en nuestras cotidianas formas de pensamiento lineal. Los enfoques prácticos complementan el hermoso marco filosófico que lo convierte en una adición inspiradora a la biblioteca espiritual de cualquier buscador.

– Richard Whitehurst,
autor de *Mahamantra Yoga: Cantando para anclar la mente y acceder a lo divino*

Pranada Comtois nos ofrece en su primer libro una colorida variedad de ejercicios de corazón para el místico moderno. Pranada entrelaza la filosofía, la psicología y sus propias ideas personales para ampliar nuestra definición de amor, asociando de manera creativa la antigua sabiduría bhakti del oriente y los puntos de vista familiares de los pensadores occidentales. *Amor sabio* promete revelar la naturaleza de la consciencia despierta, inspirar nuestros espíritus y nutrir nuestros corazones de maneras muy profundas.

– Catherine Ghosh,
coautora de *Yoga en la Gita,*
profesora en The Secret Yoga Institute

Hemos recorrido un largo camino desde que los "Hare Krishnas", como se los conocía, cantaban y bailaban en el paisaje cultural occidental, siendo ridiculizados por la cultura dominante: y a menudo también por la contracultura. Pocos entendían hace cinco décadas que esos cantantes extáticos representaban una venerable tradición espiritual respaldada por un respetado legado de literatura sagrada. Ahora, miles de asistentes acuden a los festivales de *kirtan* y los estudios de yoga organizan regularmente noches de *kirtan*. Aun así, se sabe poco sobre los fundamentos conceptuales, filosóficos y pragmáticos de la vía del bhakti. *Amor sabio* es un correctivo muy necesario. Combinando una investigación rigurosa y una prosa accesible, es una adición bienvenida a la transmisión cada vez más extensa y cada vez más profunda de la sabiduría védica hacia occidente.

— Philip Goldberg,
autor de *Veda estadounidense: desde Emerson y los Beatles hasta el yoga y la meditación, cómo cambió la espiritualidad india a occidente*

Nuestra necesidad imperiosa actual, como especie, consiste en dirigirnos de nuestras cabezas a nuestros corazones, aprender a vivir de manera diferente, amar de una manera más profunda y completa. Este hermoso y transformador libro nos lleva del concepto del amor tal como se entiende en general a la experiencia del amor como un estado exaltado del ser: un permanente estado de devoción extática y unión con lo Divino.
Amor sabio es un inestimable regalo que puede servir de guía en estos tiempos angustiosos y angustiantes.

— Anne Baring,
autora de *El sueño del cosmos, una búsqueda del alma*

¡*Amor sabio* es un hermoso viaje a la sabiduría del corazón llevado a cabo por Pranada! *Amor sabio* invita sin cesar al lector al camino del amor y la rendición con una visión suprema. . . . Este libro alcanzará los corazones de muchos y abrirá los corazones de muchos más. Una apasionante historia de amor y luz.

— Indu Arora,
autora de *Mudra: el secreto sagrado* y *Ayurveda.*
Terapeuta yóguica

Pranada lleva a sus lectores a un viaje práctico hacia las regiones más profundas del corazón, al tiempo que incluye un componente espiritual interreligioso y no sectario. Este no es un libro sentimental que satisface nuestra necesidad común de una reacción. Al definir nuestra verdadera identidad, somos conducidos a descubrir los más altos reinos del amor espiritual. Pranada nos lleva, empleando un lenguaje elocuente pero sencillo, a donde necesitamos ir: al dulce centro del propio ser donde nos espera naturalmente el amor más profundo. Muy recomendable para cualquiera que busque nutrir el alma.

– Steven J. Rosen (Satyaraja Dasa),
autor de 31 libros sobre espiritualidad *vaishnava*,
editor principal del *Journal of Vaishnava Studies*

Contenido

Prefacio xix
Introducción 1
Prólogo: una génesis 15

I. ELEVAR LA CONCIENCIA 31
  1 El ser sensible 33
  2 El milagro en nosotros: ser, conocer, amar 42
  3 El ámbito de la mente 47
  4 ¿Quién sentirá el falso yo? 53
  5 El pequeño "mi" y el gran "Yo" 63

II. MIRANDO POR ENCIMA DEL HORIZONTE 69
  6 Realidad virtual 71
  7 ¿Karma incontrolable, o no? 78
  8 Karma y *lila*: Acción forzada libertad para jugar 85
  9 Desarrollo horizontal y vertical 91
 10 Fe, no creencia 96
 11 Todo el mundo ama a un místico 100

III. CAPAS DE LUMINOSIDAD 107

12 Un dualismo y no dualismo inconcebible 109
13 ¿Cuál es tu ideal? 118
14 La vida después de la iluminación 122
15 El yoga del amor 127
16 Ejercicios del corazón 133

IV. LUZ ESTELAR 139

17 Ver con tus oídos 141
18 Sonido sagrado 146
19 Mantra 150
20 El mantra de los nombres 154
21 Teología del nombre 159
22 Prema-Kirtan 162
23 Apóstol del *bhakti*: místico extático 165

V. LA AGUJA DE LA BRÚJULA 171

24 Amor sabio 173
25 La cultura del dar 178
26 La ética del amor 182
27 Humildad 186
28 Función de la compasión en la escala del amor 191
29 Compasión profunda 196

VI. CASCADA DE RAYOS DE LUNA 205

30 Independientes de las limitaciones
    de nuestra humanidad 207
31 Una persona que conoce el hogar 212
32 El estilo de vida del *bhakta* 216
33 Cinco centímetros 226

VII. ORBE LLENO DE CONCIENCIA   231

34 La encantadora forma del Absoluto   233
35 La vida del Absoluto   238
36 La crisis existencial de Dios   243
37 Ella, a quien Él adora   246
38 Por sobre el techo del firmamento   249

Epílogo: La Divinidad femenina   255
Glosario   263
Bibliografía   273
Agradecimiento   276
Sobre la Autora   277
Viaje al corazón de Bhakti   278

Naciste como Abhay Charan
"intrépido al amparo del Supremo"
mi amigo, guía,
vida de mi vida,
una cascada de *bhakti*
de tu corazón suave como la mantequilla
me arrastró hasta la inundación del amor sabio.

A los setenta años, saliste al mar
a duras penas sobreviviste a dos ataques al corazón
en el barco de carga color negro que navegaba
hacia la tierra de los valientes
donde a veces pasaste hambre.

Con intelecto feroz
y fina erudición
alentado por Sri Rupa y el antiguo *Vedanta*
tú, en medio de la noche,
tradujiste el *Bhagavata*
y otros textos del *bhakti*
nunca antes disponibles en inglés
recibidos y apreciados por académicos, filósofos
y jóvenes de los años 60, hambrientos de sustancia.

Como un consumado Swami
renunciaste al deseo personal, pero aceptaste con entusiasmo
todas las cosas en servicio a tu Amado.

Llegaste pobre de dinero
pero no de corazón
así tu humilde *kirtan* provocó
la explosión de *bhakti* de Krishna.
¡Oh *Prabhupada*!

Atrajiste a miles nutriendo
sus mentes y corazones
en lo relativo a la razón y mucho más
hacia la tierra del amor.

Compuesto en celebración del 50 aniversario del establecimiento por parte de A.C. Bhaktivedanta Swami del primer templo de bhakti en Estados Unidos, el año 1966. El distinguido emisario del bhakti aterrizó sin un centavo, acompañado solo por unos pocos fragmentos de su traducción al inglés del Srimad-Bhagavatam (Bhagavata Purana) y su determinación de cumplir las órdenes de su guru.

Prefacio

"Esta vida no es un ensayo general", concluyó Pranada con mansa urgencia. La honda emoción de su voz creó una gravedad que incluso mi mente adolescente distraída fue incapaz de ignorar. Pronunció estas palabras durante una ceremonia en honor a su guru, A. C. Bhaktivedanta Swami. La mayoría de los jóvenes y yo pasábamos el rato agrupados a cierta distancia de donde ella hablaba. Yo estaba en el tercer año en la universidad, interactuando con el "mundo real" por primera vez, y me distanciaba activamente de la fe en la que había crecido. Por lo tanto, las solemnes palabras de Pranada me provocaron quizá una impresión. Aludían a la famosa frase de Shakespeare: "Todo el mundo es un escenario, y todos los hombres y mujeres son meros actores". *Esto no es un ensayo,* pensé. *El "juego" de la vida está sucediendo ahora.* Yo—una adolescente imprudente y confundida—había considerado a Pranada una persona equilibrada y elegante que también enfrentaba desafíos de la vida. Uno de los acompañantes de Pranada me dijo, verbalizando mis propias impresiones sobre ella: "No hay nada que ella no pueda hacer". Veinte años después, recordé esa predicción cuando me dispuse a leer *Amor sabio: Bhakti y la búsqueda tras el alma de la conciencia.*

Pranada introduce hábilmente al lector a los antiguos y complejos *Vedas* y al *bhakti* yoga con gracia y una percepción formidable. Ya en las primeras páginas del prólogo, el lector descubrirá de inmediato y se sentirá atraído por la capacidad excepcional de Pranada para transmitir verdades místicas con una voz moderna y relevante. Sentirás un despertar y un eco en tu corazón, la prueba de fuego de cualquier texto digno de mención. Pranada transmite, con claridad y convicción, y aparentemente sin esfuerzo, la intrigante historia del *Bhagavata* mientras se concentra magistralmente en los pasajes y verdades más importantes. Escribe que el autor de este texto sagrado: "Sabía que la experiencia espiritual evoluciona en un corazón iluminado y que allí la enseñanza sigue siendo relevante y viable". En otras palabras, el *bhakti* es una tradición viva, no algo arcaico o inaccesible. "El poderoso hogar interno del místico", escribe, "se encuentra disponible para todos y cada uno de nosotros tan pronto decidimos hacer algo más que filosofar. El verdadero misticismo es activo y práctico, no pasivo y teórico. Es un proceso de vida que involucra todo el ser". Pranada parece dispuesta en cada paso a inspirar al lector a profundizar en sus pensamientos y sus acciones, dotándonos de la convicción: "El yo está situado en el corazón y es el agente que toma las decisiones finales".

Durante años, aplaudí el trabajo pionero de Pranada empoderando a las mujeres en la tradición moderna del *bhakti*. El *bhakti* sostiene que cada persona, independientemente de su género, raza o nacionalidad, tiene la inteligencia y la orientación interna necesarias para madurar espiritualmente y trascender más allá de lo material. Sabemos que cada tradición (y sociedad secular) se beneficia enormemente no solo con la participación de las mujeres sino escuchándolas. Escuchar la tradición desde una perspectiva femenina es de especial interés porque el *bhakti* es el camino del corazón – o el camino del corazón pleno como lo llama Pranada – lleno de sensibilidades femeninas, que ella destaca en su epílogo: "La divinidad femenina". Sin embargo, si bien el *bhakti*, o amor divino, es de naturaleza femenina, dentro de la historia de la tradición casi no encontramos obras publicadas por escritoras y, en los tiempos modernos, *Amor sabio* es uno de los primeros tratados filosóficos escritos por una mujer que presenta el *bhakti* de una manera que sintetiza el pensamiento actual con antiguas enseñanzas, abriendo así las puertas a todos.

Quiero enfatizar algo que sin duda descubrirán por ustedes mismos: el contenido de este trabajo no es ni femenino ni masculino en tono o estilo. Pranada escribe con sensibilidad, a menudo considerada femenina, solo para fundamentar sus ideas en ejemplos de fútbol o lo último en ciencia médica: ejemplos a menudo considerados masculinos. Hay muy poco en el trabajo que sugiera el género de la autora. Esto está muy en línea con la contribución sincera e intelectual de Pranada: una búsqueda en pos de la conciencia y el amor sabio que triunfa sobre cualquier designación corporal. *Amor sabio* será muy apreciado por su elegante resumen del *bhakti* auténtico. Su atractivo de amplio espectro puede atraer incluso a aquellos que simplemente sienten curiosidad, hasta el extremo de poder, ellos también, experimentar la alegría del *bhakti*. Lo más probable es que, como yo, se sientan conmovidos por el intelecto y la elegante voz de Pranada mientras comparte las verdades profundas y antiguas del *bhakti*.

Siento un profundo orgullo y humildad al leer *Amor sabio*, una obra fundamental de una mujer muy inteligente cuya sabiduría y amor impregnan estas páginas de su ofrenda al mundo.

Vrinda Sheth
autora premiada de
Sita's Fire Trilogy
www.SitasFire.com

Introducción

*A*mor sabio se refiere al desarrollo del corazón desde el amor ordinario hacia un amor tan puro que no contiene trazas de influencia material. En su etapa más madura, el amor sabio es un estado del ser, existencial y eterno.

El amor que conocemos en este mundo es solo una sombra del amor sabio. La mayoría de nosotros todavía no amamos con amor sabio, todavía no amamos a todos los seres sensibles incondicionalmente, sin pensar en nuestra propia ganancia. Todavía no nos desmayamos de éxtasis por nuestro Otro Divino o por otras almas, y no estamos envueltos en relaciones de amor profundamente plenas con ellos. El estado extático del amor sabio es, sin embargo, nuestro potencial más pleno, nuestra alegría más completa y nuestra vocación más profunda. Este éxtasis está al alcance a través del cultivo consciente del amor sabio

Desde el nacimiento del psicoanálisis en los albores del siglo

XX, el mundo occidental, en la búsqueda de la felicidad duradera, ha dirigido su atención hacia la salud mental, estudiando el control de la mente, la meditación y los beneficios psíquicos de las afirmaciones y visualizaciones positivas, entre otros ejercicios mentales. Tenemos acceso a una amplia información sobre autoayuda y contamos con una colección de protocolos bien desarrollados para alcanzar la salud mental.

Durante mucho tiempo nos hemos centrado en la mente-cuerpo en lugar del corazón como el canal hacia el espíritu. Doc Childre comparte en el libro *The HeartMath Solution* su experiencia aconsejando a practicantes espirituales serios que han centrado el intento espiritual en la mente: "Incluso los grandes meditadores obtienen beneficios limitados a menos que el corazón esté profundamente comprometido, por lo que a menudo se sienten frustrados con su progreso."

¿Por qué? Porque necesitamos enriquecer la atención plena con un corazón pleno; debemos vivir nuestra meditación minuto a minuto. En el mundo del yoga, a esta práctica se le llama *bhakti*. La divina doctrina del amor del bhakti, fundamentada firmemente en la filosofía, muestra cómo cultivar de manera práctica el estado puro del ser. La práctica está respaldada por una elaborada tradición textual así como por sabios, santos, clarividentes y místicos.

El *bhakti* nos enseña que le felicidad proviene del corazón atento, no de una mente controlada y calmada. La felicidad radica en el acto de amar, no en el conocimiento o la atención plena, o en cualquier tipo de paz mental que es el objetivo de la mayoría de las meditaciones y todo el psicoanálisis. Mediante la práctica del *bhakti*, el corazón se expande con amor y la mente se expande con la conciencia de sí misma, y gradualmente pasamos del simple amor humano a un amor sabio supra-mundano que lo abarca todo.

༄

Amor sabio se basa en mi estudio del *Vedanta*, especialmente la *Bhagavad Gita* y el *Bhagavata Purana* (*Srimad-Bhagavatam* o *Bhagavata*), and my practice of *bhakti* yoga.

El término *Vedanta* se refiere al voluminoso corpus literario que incluye los *Vedas, Upanishads, Vedanta Sutras (Brahma Sutras), Bhagavad Gita* y *Puranas*. Todo este corpus literario se conoce como *vedanta*, o "el fin del conocimiento" (*veda*—conocimiento; *anta*—fin). *Anta* también se refiere: "significado más profundo", "significado último" y "principio secreto". Por lo tanto, el *Vedanta* es aceptado por muchos como el significado del conocimiento metafísico de la India.

Los textos vedánticos fueron compilados por el legendario Vyasa que los dispuso como una secuencia destinada a descubrir capas de significado del *Veda* original. Después de que Vyasa dividiera el *Veda* original en cuatro textos, compiló los *Upanishads*, plasmándolos en códigos concisos para facilitar su memorización. Debido a la naturaleza críptica de dichos códigos upanisádicos, se requería una aclaración, por lo que Vyasa escribió los *Vedanta Sutras*, que constituyen la base de las numerosas escuelas del *Vedanta*. El trabajo final de Vyasa, el *Bhagavata (Bhagavata Purana)*, conduce al lector a la esencia de los *Vedanta Sutras*. Vyasa consideró que el *Bhagavata*, escrito en la madurez de su comprensión, contenía el significado confidencial de todos los textos vedánticos.

¿Cuál es dicho significado confidencial? *Amor sabio* intenta responder a esta pregunta. La frase "amor sabio" es una traducción al español de la palabra sánscrita "*bhakti*". *Bhakti* es el amor puro que el yo/ la conciencia siente hacia su origen: el Supremo. Comprender el amor sabio significa comprender la conciencia; vivir el amor sabio supone vivir todo el potencial del yo/la conciencia: un aspecto que expondré con mayor detalle en el capítulo uno.

El universo expansivo del yoga de la India y todo el *Vedanta* se interesa por la conciencia. De hecho, varios científicos y filósofos occidentales consideran que los textos del *Vedanta* son la veta más rica del mundo que investigar con el fin de descubrir la naturaleza de la conciencia.

Mi subtítulo, *Bhakti y la búsqueda del alma de la conciencia*, significa que cartografiaremos la conciencia de acuerdo con el antiguo sistema filosófico Bhakti Vedanta del *Bhagavata* de Vyasa –que es el texto principal para el camino del bhakti yoga–, para poder descubrir qué hay en el corazón de la conciencia, qué es el alma de la conciencia.

India tiene cuatro vías principales de yoga. En *Amor sabio* comparo y contrasto tres: *jñana, ashtanga* (de donde se origina el *hatha* yoga y los múltiples sistemas de las prácticas modernas del yoga físico) y *bhakti*. No desarrollo el cuarto, karma yoga, porque, en general, ya no se practica. Pero voy a mencionar algo al respecto aquí.

Los occidentales que no están familiarizados con la distinción principal entre karma y karma yoga consideran el trabajo virtuoso como karma yoga. Pero ni tan siquiera el buen trabajo puede liberar al yo/la conciencia a menos que esté conectado con el Supremo. Esa conexión (el significado literal del yoga) es lo que convierte la acción ordinaria (karma) en karma yoga.

Los orientales, de quienes se espera una mayor familiaridad

con el yoga, para hacer el tema del karma yoga más confuso, generalmente adoran a los administradores cósmicos o semidioses (que están subordinados al Supremo) en lugar del Supremo, y llaman a ese tipo de adoración karma yoga. Démonos cuenta de que la orientación de estos karma *yogis* hacia los semidioses es lo que alimenta la idea occidental errónea de que la teología india tiene muchos dioses. Sin considerar, no obstante, que en cuanto se elimina al Supremo ya no tenemos yoga, ni la posibilidad de un logro espiritual.

El karma yoga tiene un largo historial de seguidores confundidos en lo que respecta a su metodología y objetivo. *jñana*, basada en los *Upanishads*.

Puesto que el karma yoga, para la mayoría de las personas, se ha despojado del yoga, queda fuera del ámbito de *Amor sabio*. Sin embargo, cuando el karma yoga se ejecuta en verdad, entonces se considera la etapa preliminar del *bhakti* yoga. De esa manera, el karma yoga está incluido en el *bhakti* y la reflexión de *Amor sabio*.

Antes de que el *bhakti* y el *kirtan* (la devoción expresada en la canción: el componente principal del *bhakti* yoga) se hicieran populares, imaginé muchos libros sobre *bhakti* para ayudar a mis hermanos y hermanas occidentales a compartir un aspecto del pensamiento oriental que en gran medida se pasó por alto. Revisé cientos de libros populares sobre espiritualidad, psicología, budismo, neo-*Vedanta*, Nueva Era, Nuevo Pensamiento, yoga y misticismo. Aunque encontré vestigios de *bhakti* en todas partes, las filosofías en las que estaban entretejidos parecían esconder dichos vestigios en lugar de resaltarlos. En realidad, no existe ningún sistema que desarrolle el amor divino de manera tan completa como la vía del b*hakti* yoga. Pero dicha vía no es bien conocida, ni entendida, fuera de la India.

Los textos originales del *bhakti* están disponibles, pero resultan voluminosos y difíciles de entender para aquellos que no tienen experiencia en el pensamiento oriental o en el idioma sánscrito. El hecho de constatar que había tan poco disponible o accesible alimentó mi deseo de crear un libro escrito por un practicante occidental sobre la antigua tradición *bhakti*.

En el 2005, el *bhakti* y el *kirtan* ganaron popularidad, generando eventos como BhaktiFest. Los grupos de Kirtan actuaban de repente para el público en general en Los Ángeles, Manhattan, Miami y otras ciudades. Krishna das tocó en vivo en los Premios Grammy 2013. Algunas empresas adoptaron el nombre de "Bhakti".

Pero aunque el *bhakti* y el *kirtan* atrajeron la atención, la filosofía Bhakti todavía no estaba claramente articulada, por lo que mi deseo creció junto con un tímido pensamiento de que tal vez *yo debería* escribir lo que había imaginado.

¡Pero no pude escribir el libro! A lo largo de los años, aparecieron publicaciones en revistas, poemas y blogs. Completé mis memorias. Sin embargo, el libro que había capturado mi imaginación durante trece años me eludía.

Entonces, en el otoño de 2013, un amigo me volvió a presentar a Swami Tripurari. Swami habla sobre temas antiguos, involucrando palabras y pensamientos antiguos en formas contemporáneas para resaltar significados ocultos e iluminar el tema. Específicamente, su uso repetido de los términos *amor sabio* me afectó. Cuanto más pensaba en estas dos palabras, más se fusionaron en una sola idea: *amor sabio*. Estas dos palabras hablan del cambio de paradigma que el Bhakti nos pide que encarnemos: un movimiento de la cabeza al corazón, con una armonización e integración de ambos, basado en un amor bien razonado. La razón, la lógica y el conocimiento sagrado nos ayudan a comprender algo acerca de la naturaleza de la realidad. Luego usamos lo que hemos entendido para ablandar el corazón y, a través de la práctica diaria, dirigirlo hacia el último objeto del amor, nuestra Fuente. La sabiduría es conocimiento interno integrado en el corazón a través de la experiencia; armonizar la cabeza y el corazón es una práctica continua en el alcance amplio y profundo del Bhakti.

La frase *amor sabio* se convirtió en una clave para mí al manifestar el marco del Bhakti para la evolución espiritual del amor: a partir de una semilla de sentimiento amoroso bien razonado que se pone en práctica a diario para amar como un estado del yo.

Cuanto más usaba el *amor sabio* en el pensamiento y la escritura, más representaba la esencia de la práctica y el objetivo del Bhakti para mí. Luego, a partir de las charlas de Swami Tripurari, recibí información sobre cómo abordar el libro que había imaginado. Le agradezco su dedicación personal al *bhakti*, su perspicacia como maestro y su generosidad al permitirme usar libremente el material de sus conferencias y ensayos. Si no hubiera escuchado de Swami Tripurari, ni hubiera recibido su permiso para usar parte de su material, este libro simplemente no hubiera sido posible.

Mi maestro, A.C. Bhaktivedanta Swami, se refirió al *bhakti* como una "ciencia espiritual". No se puede, dijo, leer simplemente libros y realizarse espiritualmente. Uno tiene que cultivar el corazón con práctica y aplicar los principios de los libros. Si un practicante aplica el *bhakti* seriamente en su vida, entonces tiene asegurado alcanzar el objetivo del camino, el amor sabio: así como, por ejemplo, un experimento de laboratorio cuidadosamente ejecutado producirá los mismos resultados cada vez, permitiendo a un científico experimentar o presenciar la verdad de la hipótesis de primera mano.

Escribo con la disposición de un practicante de *bhakti* que ha nacido en occidente y está familiarizado con el paisaje sociocultural-espiritual occidental. La cultura occidental moderna se basa en las tradiciones Abrahámicas. Los principios y las costumbres culturales del cristianismo, el judaísmo y, cada vez más, el Islam impregnan nuestro pensamiento y nuestras aspiraciones y expectativas espirituales. Muchos occidentales han integrado también una serie de perspectivas orientales en su pensamiento, basándose especialmente en el budismo y el pensamiento neo-Adwaita. Los médicos recetan regularmente yoga y meditación a los pacientes; las palabras *guru, pandit* y *mantra* se usan comúnmente en los noticieros en horario estelar; hay estudios de yoga en todas partes, y una serie de otros conceptos y palabras orientales han entrado tanto en nuestro panorama social como en nuestro vocabulario. Nuestra cultura en occidente ha cambiado y continúa cambiando. Ya no se centra exclusivamente en la comprensión y la teología de las religiones Abrahámicas; ahora tenemos una mezcla de concepciones religiosas y espirituales que se tejen a través de nuestras vidas. Aún así, es un hecho que al distinguir los hilos en un tejido resulta más fácil evaluar las fortalezas, debilidades, diseño, arte y uso de una tela. Mi esperanza es que *Amor sabio* arroje luz sobre el *bhakti* yoga y sobre el hilo del *bhakti* que subyace a todo pensamiento y práctica espiritual para darle al lector la oportunidad de atraer el *bhakti*, o aspectos de él, más concienzudamente a su vida.

Dado que el *bhakti*, al igual que cualquier aventura espiritual, es un camino vivencial, un libro escrito por un peregrino ofrece un vistazo que de otro modo no estaría disponible excepto para otros practicantes. Y como una autora occidental, puedo hacer que el tema sea más fácil de relacionar para los lectores tendiendo un puente y reconciliando las cosmovisiones Oriental y Occidental aparentemente divergentes y profundamente arraigadas.

Amor sabio presenta la orientación conceptual del bhakti, la cual es sustancialmente diferente a la de la perspectiva occidental. Aquel que mira a través de los ojos del bhakti ve el mundo de manera diferente de aquellos que lo ven desde un punto de vista occidental convencionalmente. Nuestras creencias sobre el mundo informan e inspiran nuestras elecciones. Nuestras elecciones desarrollan nuestras vidas y nos acercan o nos desvían de nuestros objetivos. Por lo tanto, la forma en que estamos orientados es importante.

Para ilustrar esto, consideren la pregunta del "huevo o la gallina" y cómo la respondería la cosmovisión occidental. Luego escuchen cómo se responde la pregunta desde una cosmovisión *bhakti* e imaginen cómo esta perspectiva diferente podría hacer que cambie su enfoque de la vida.

La mayoría de la gente piensa en occidente que el tiempo es lineal: los comienzos tienen finales. El mundo comienza en un momento y deja de existir en otro. Nací en mi cumpleaños y moriré en otra fecha. Cuando analizo la pregunta desde el occidente, puedo decir que la pregunta es definitiva. Siguiendo la lógica hacia atrás, cada huevo me lleva a un pollo y cada pollo a un huevo. No puedo señalar el comienzo de cualquiera de ellos simplemente porque los puntos en la línea no se conectan y la línea se extiende en ambas direcciones sin fin.

Sin embargo, los miembros de la tradición Bhakti (así como la mayoría de las escuelas de pensamiento orientales) consideran el tiempo cíclico: los comienzos conllevan finales, pero los finales también conllevan comienzos. El mundo llega a existir y se pierde una y otra vez; nazco y muero una y otra vez.

Mientras que los puntos de un sistema lineal no se conectan, los puntos de uno circular sí. La semilla se convierte en un árbol, que deja caer una semilla; el huevo se convierte en un pollo, que pone un huevo. La causa y su efecto son interdependientes dentro de todo un sistema. Entonces la respuesta es sencilla: ni la gallina ni el huevo fueron los primeros; siempre están interrelacionados en su conjunto.

El tiempo cíclico se vuelve especialmente interesante al discutir nuestros propios comienzos y finales y el conjunto que representan. Cuando acepto la revelación de oriente sobre la reencarnación, me invitan a comprender la naturaleza integral de muchas vidas y a comprender lo que este conocimiento me ordena. Cuando retrocedo para tener una visión a largo plazo de mi existencia, mi perspectiva pasa de lo que puedo lograr o experimentar en esta vida a lo que puedo hacer con esta vida que me beneficiará para siempre: mis elecciones actuales pueden sacarme del ciclo de sufrimiento permanentemente.

Conocemos el beneficio de la planificación a largo plazo. Por ejemplo, hacemos sacrificios en nuestra juventud para ir a la universidad y mejorar nuestras oportunidades en la vida. De manera similar, cuando adopto una visión de múltiples vidas en mi existencia, se enfocan propósitos y oportunidades generales más allá de esta vida. Vivir con un propósito más allá de simplemente adquirir cosas materiales (lo que ya he hecho durante innumerables vidas, permaneciendo insatisfecho) comienza a tener mucho sentido. Con esta orientación, hacer los sacrificios necesarios para mi objetivo es más fácil y alegre.

La visión cíclica del tiempo del Bhakti es informada por antiguos clarividentes que observaron que el mundo *gira en torno a la conciencia*. La conciencia subyace a toda la materia y está en el centro de toda actividad – de todo, realmente –, en este mundo. A medida que el mundo pasa por sus ciclos, somos llevados a tomar conciencia de una forma u otra y una y otra vez porque la conciencia es la causa raíz de todas las transformaciones de la materia. La conciencia es el vidente y el perceptor; el mundo es materia inerte. Por lo tanto, el mundo deriva su significado de la conciencia.

Esto es solo una de las orientaciones conceptuales del Bhakti que pueden transformar nuestra cosmovisión de afuera hacia adentro.

Cuando visualicé por primera vez el perfil de *Amor sabio*, imaginé el desarrollo, o el despertar, de una comprensión de la conciencia de modo semejante a una luna nueva que se eleva gradualmente en el cielo mientras crece simultáneamente hasta alcanzar su gloriosa plenitud e iluminación. Los títulos de las siete secciones y sus ilustraciones correspondientes reflejan la hermosa visualización que tuve.

Amor sabio comienza con un prólogo seguido de siete secciones que desarrollan y amplían los fundamentos filosóficos del prólogo. Puesto que hago continuas referencias al prólogo, obtendrán más beneficio del libro si lo leen.

El prólogo prepara el escenario: presenta al legendario Vyasa, compilador y editor del Vedanta, y a su hijo, Shuka. La historia muestra por qué Vyasa editó el *Veda* en cuatro porciones y escribió libros subsiguientes para proporcionar más detalles de los Vedas. *Amor sabio* se basa en su obra final, el *Bhagavata*: considerado por los estudiosos, filósofos, sabios, clarividentes, poetas y genios literarios de todo tipo de disciplinas un tesoro único del *Vedanta*.

La historia de Vyasa y Shuka subraya el escenario histórico del Bhagavata, su lugar dentro del canon de la India, las premisas de la vía del *bhakti*, así como los logros del sabio en el *bhakti* y, consecuentemente, lo que podemos esperar para nosotros mismos.

A modo de nota técnica, me he tomado cierta licencia literaria al relatar una escena de la historia. Cuando describo la visión de Vyasa de la Persona Suprema en *samadhi* (trance completo), he combinado la descripción del Bhagavata con una visión de Gopa-kumar que se halla en el *Sri Brihad-Bhagavatamrita*. Esto facilitó esclarecer las distinciones entre las tres características del Absoluto que indicó Vyasa.

La Sección I de *Amor sabio* explora el yo/conciencia, cuerpo, mente, inteligencia y ego desde la cosmovisión del *bhakti*. La Sección II considera la comprensión Bhakti Vedanta del mundo, el karma, la fe, el progreso espiritual y el misticismo. La Sección III compara y contrasta –profundizando más en el *bhakti*–, la metafísica Bhakti y la Adwaita para ayudarnos a establecer las premisas del *bhakti* que son la base de una vida *bhakti*. La Sección IV profundiza en el poder del sonido sagrado, particularmente *prema-kirtan*, que es fundamental para la práctica del *bhakti*. Al igual que *yama*, *niyama*, *asana* y *pranayama* son ramas del *ashtanga yoga*, y la renuncia y las austeridades son ramas del *jñana yoga*, el *prema-kirtan* es la rama principal del *bhakti yoga*.

En la Sección V se examinan la definición de amor sabio y también la naturaleza del dar, la humildad y la compasión profunda: la compasión basada en una comprensión de la conciencia. A continuación, en la breve Sección VI, se presenta cómo podemos liberarnos de la cobertura de la materia con la ayuda de una práctica espiritual diaria y de una persona que esté familiarizada con el tema. Y la Sección VII, la última, se sumerge profundamente en el océano del *bhakti* con un breve vistazo a la forma del Supremo; la psicología del Absoluto; su contraparte femenina, Radha; y la patria de la conciencia, donde finalmente encontraremos nuestro hogar.

Si bien cada capítulo es autónomo, también se beneficia del anterior. Por lo tanto, lo más útil será leer los capítulos en el orden en que aparecen. Podrían considerar el dejar pasar un día o dos entre cada capítulo, antes de continuar con el siguiente. Esto les dará tiempo para asimilar las ideas nuevas que pudieran aparecer. La teoría filosófica puede ser densa a veces, y explorar visiones del mundo ajenas a nosotros puede resultar un proceso complejo, aunque divertido.

Aunque este libro es un viaje condensado a través de estos densos temas —resulta imposible ofrecer una comprensión completa del *bhakti* en un solo libro—, espero que el *bhakti* nutra tu camino espiritual, cualquiera que éste sea. También deseo que mientras lees *Amor sabio* desde la inteligencia, el bhakti te capture el corazón y te ofrezca algo suculento que aportar a tu vida. Ojalá encuentre en estas páginas una nueva perspectiva sobre el incesante llamado del espíritu humano a ir más allá de sí mismo.

Pranada Comtois
29 de agosto de 2015
en el vibrante día de luna llena
de Balarama Purnima
según el calendario bhakti

Prólogo: una génesis

Comienza, sé valiente y aventúrate a ser sabio.

HORACIO

Hace cinco mil años, Shuka permanecía acurrucado con los ojos cerrados en la suave envoltura donde yacía. Durante años apenas se había movido, aunque su padre solía suplicar: "Sal, hijo mío, por favor". Su madre, Vyataki Devi, y su padre, Vyasa, vivían en Samyaprasa, al norte de la India, en la orilla occidental del rio Saraswati, rodeados por los picos glaciares del Himalaya.

Su hogar consistía en un espacio cubierto de hierba con árboles y una cabaña baja con techo de paja, que los resguardaba por la noche y los mantenía a salvo de los elementos y los animales salvajes. No tenían muebles, sino que dormían sobre la tierra desnuda, como es propio de los ascetas. Durante el día, estudiaban el *Veda* y enseñaban a otros ascetas que se reunían debajo de un árbol. Marido y mujer buscaban felizmente juntos la verdad espiritual. Se trataba de un *ashram*, un lugar de práctica y aprendizaje espiritual.

Vyasa y Vyataki le hablaron a su hijo no nacido, Shuka, acerca de la autoconciencia, los múltiples universos, el tiempo, el karma y el Supremo, y le enseñaron a distinguir entre materia y espíritu. Shuka se iluminó con las verdades que hablaron, por lo que era consciente de que los sufrimientos provocados por el paso del tiempo – nacimiento, muerte, vejez y enfermedad – se podían evitar. Él comprendió que era un ser espiritual, y con esta idea siguió el ejemplo de sus padres y se adhirió al pozo de la alegría duradera dentro de sí mismo, bebiendo continuamente su néctar. Shuka no tenía deseos que cumplir; por lo tanto, no deseaba ni necesitaba abandonar el útero de su madre.

Vyataki sabía que Shuka era un alma extraordinaria, como lo demuestran las conversaciones que ella y su esposo mantenían con él. Juntos analizaron la potencia entorpecedora de la naturaleza material, que actúa como una droga poderosa e induce a las almas a olvidar quiénes son. Señalaron cuán difícil es escapar de ese embotamiento onírico y recuperar la conciencia espiritual, y que la gente, en su condición confusa, busca la culminación en cosas, lugares y relaciones que nunca pueden satisfacerlos si no están fundamentados en la realidad espiritual. El velo de ilusión del mundo promete a estas desafortunadas personas un placer que nunca podrán alcanzar. Cegados por los atractivos de la materia, estas personas han olvidado que la felicidad está realmente dentro de ellos.

Vyataki había llevado su embarazo sin quejarse durante algunos años. Ahora colocó la mano izquierda en la parte inferior del vientre y con la otra, acarició la parte superior de su vientre con afecto mientras Vyasa hablaba con su hijo. "Debes salir ya. De lo contrario, tu madre morirá".

"Estoy finalmente despierto del sueño eterno del olvido", respondió Shuka. "Veo todas mis vidas anteriores. Aunque busqué felicidad mediante la comida, el sexo, el trabajo y la familia, siempre tuve que enfrentarme al dolor y al sufrimiento. La felicidad es solo un mito en el mundo material, y el trauma del nacimiento hace que las personas olviden todo lo que saben. Lo que ahora recuerdo es demasiado valioso. No saldré".

Vyasa respondió: "Te lo prometo, tu memoria y conocimiento permanecerán intactos después de que nazcas. No te verás influenciado por la ilusión".

Los pensamientos de Vyataki iban a la deriva en su preocupación por Shuka. Estaba iluminado sobre el ser, pero carecía de compasión por los demás —hacia ella—, una cualidad necesaria para la iluminación total. Ella y su esposo se habían consagrado a educar a los demás, a exponerles a todos la oportunidad de ir tras la liberación, o estar libres de la esclavitud material, y deseaba que su hijo lograra la más excelsa expresión espiritual de compasión por los demás.

A Shuka no le apaciguaron las palabras de su padre: "No saldré a correr el riesgo de volver a estar ilusionado".

Vyasa, lleno de preocupación por su esposa, decidió buscar la ayuda de Krishna, famoso príncipe que acababa de regresar a Dwaraka desde el campo de batalla en Kurukshetra, donde había revelado la *Bhagavad Gita*. Pero Vyasa no estaba seguro de si Krishna iría a su humilde *ashram*.

Sin embargo, Krishna, siendo la Superalma, entendió la situación y ya estaba en camino. Después de hablar de filosofía con Shuka, Krishna le dijo: "Sal. No experimentarás el trauma del nacimiento y continuarás tu progreso espiritual sin obstáculos".

Al escuchar esto, Shuka emergió, confiando en la promesa de Krishna, dejando a Vyataki ilesa. Ofreció respetos a Krishna y a sus padres y se dirigió solo al bosque, desnudo y sin posesiones, para meditar y permanecer libre del apego material. Vyataki, controlando su deseo de ver al hijo que había tenido durante tanto tiempo, no lo llamó. Sería la necesidad de Vyasa lo que eventualmente reuniría a padres e hijo nuevamente.

Mientras Vyataki estaba embarazada de Shuka, Vyasa observó que algunos de sus nuevos estudiantes tenían problemas para recordar los versos y mantras sánscritos que les enseñaba. Entendió como clarividente que estaba cambiando la era y el poder de la memoria se debilitaría. Pero la memoria era crucial en una tradición en la que el conocimiento filosófico y teológico complejo se transmitía oralmente de maestro a alumno. Si un alumno olvidara incluso un verso, la valiosa joya de la verdad concluyente extraída de la sabiduría revelada no estaría disponible y, por lo tanto, el caudal completo de conocimiento podría desaparecer gradualmente.

Sus alumnos memorizaban normalmente muchos versos al día. Después de varios años, tendrían el dominio de un caudal de conocimiento prodigioso. Los alumnos de Vyasa también aprendían las intrincadas reglas de la gramática y la lógica sánscrita, incluyendo la interrelación entre palabras y versos, para evitar malinterpretar lo que habían aprendido. Muchos versos fueron compuestos en *sutras*, o expresiones cortas casi codificadas, para ayudar a la memorización. Era necesario conocer la interpretación adecuada de toda una escuela de pensamiento para ofrecer todo el significado completo. En dicho sistema de enseñanza, el maestro tenía que ser experto en el lenguaje, la semántica y la lógica, además de comprender a fondo el material que estaba enseñando y el modo de aplicarlo. El estudiante también tenía que ser capaz de extrapolar significados sofisticados desde dentro del conjunto de textos orales al conocer las sutilezas que el maestro estaba transmitiendo. Pero si los estudiantes de Vyasa dejaban de ser capaces de retener lo que estaba enseñando al nivel más básico, el conocimiento se perdería; unos estudiantes despojados de la capacidad de decodificar y comprender el significado contextual de cada verso nunca serían capaces de comprender el todo.

Vyasa decidió conservar por escrito las ciencias, preocupado por el sufrimiento inherente a la condición humana y la posible pérdida del conocimiento requerido para la autorrealización. Tras dominar la sociología, política, matemáticas, cosmología, astronomía y otras ciencias, junto con la economía, la estética, el Ayur Veda (conocimiento médico), el conocimiento sobre la conciencia y el Brahman (el Supremo), Vyasa comenzó su trabajo literario de compilación y edición. Primero, dividió el *Veda* en cuatro partes. Luego asignó cada una de las cuatro partes a un maestro calificado para su conservación y difusión.

Sus pensamientos retornaron a los 108 *Upanishads*, que sirven como apéndice a los *Vedas*. Vyasa escribió un comentario llamado los *Vedanta Sutras* (o *Brahma Sutras*) para aclarar los conceptos difíciles en los *Upanishads*. En ellos armonizó las diversas y a veces contradictorias declaraciones de los *Upanishads*.

Luego, escribió el *Mahabharata*, el poema más largo jamás escrito: diez veces la dimensión de la *Ilíada* y la *Odisea* de Homero combinadas. En el clímax del drama sociopolítico romántico del *Mahabharata*, Vyasa emplazó la *Bhagavad Gita*, una síntesis del pensamiento filosófico y teológico presente en la sagrada conversación entre Krishna y su amigo Arjuna.

A pesar de que Vyasa llevó a cabo una cantidad asombrosa de trabajo, acabó desalentado. Su voz interior, que había sido su guía constante, parecía haberle fallado. Buscó en su corazón por un largo tiempo, sin éxito, y su confusión solo aumentó. ¿Acaso el resultado de su sincero trabajo espiritual iba a ser simplemente el desconcierto?

Al ver los problemas de Vyasa desde la lejanía, su maestro espiritual, Narada, se le acercó y le dijo: "Has mezclado objetivos materiales y espirituales en los mismos libros, sin diferenciar claramente entre ambos. ¿Cómo lograrán tus lectores su máximo beneficio, si son incapaces de discernir la diferencia entre materia y espíritu? Les has expuesto a las personas cómo adquirir el equilibrio mental y un mínimo de felicidad material mediante la austeridad, el yoga, la virtud, la caridad, la piedad y el conocimiento, pero la finalidad de estas buenas acciones no es que se sientan cómodas en el mundo, sino liberarse de él. Y eso no lo has explicado.

"Confundir la espiritualidad y el materialismo de este modo te ha hecho infeliz y solo hará que otros sean infelices también. No has escrito directamente sobre las glorias sublimes e inmaculadas del Supremo, que son un tesoro de amor y alegría y el refugio de todos. Por lo tanto, tus libros serán la causa de que las mentes de los lectores oscilen al viento como barcos a la deriva".

Animado por la visión de Narada, Vyasa se despidió, luego se sentó en el suelo del *ashram* a meditar, rodeado de árboles de cerezos en plena floración. Con la guía y las bendiciones de Narada, la meditación de Vyasa sería diferente de sus prácticas previas.

Vyasa ya había logrado la habilidad de ver la forma cósmica del Supremo al contemplar el universo. Entendía que el Sol y la Luna eran los ojos del Supremo, las colinas y las montañas sus huesos, los ríos sus venas y los árboles los pelos de su cuerpo. El ardiente fuego del tiempo era su boca, el paso del tiempo su movimiento, y la variedad de pájaros y flores su magistral sentido artístico. En todas partes vio la forma y el toque del Supremo.

En sus meditaciones estando sentado, su conciencia había llegado a un lugar más allá de la vasta y densa ignorancia del cosmos material, un lugar inundado de luz tan brillante, tan insoportable para la vista que tuvo que cerrar los ojos. La Unidad impersonal lo llenó de una felicidad indescriptible, así como de reverencia. Una oleada de pensamientos, sostenidos por la lógica, le hizo concluir que había llegado al destino supremo.

En otras ocasiones, en estados de trance profundo, había visto la Superalma en su corazón, junto a su propio ser. Pudo ver esa Superalma, que observa y aprueba todas las acciones, también en el corazón de otros seres vivos. Sus meditaciones prácticas en la Superalma lo llevaron al *samadhi*, concentración ininterrumpida de corazón y mente, que llevó a su vida diaria.

Ahora, sentado tras la partida de Narada, Vyasa deseaba tener el poder de escribir directamente sobre el rostro pleno del Absoluto, así que cerró los ojos y solicitó piedad (*kripa*). Vinculó su mente con el Supremo en amorosa devoción (*bhakti*). Cuando se hubo liberado de todo vestigio de conciencia material, la Persona Suprema original apareció en su meditación, junto con sus energías.

El cuerpo de la Persona Suprema era la conciencia condensada, con sus tres cualidades de ser, saber y amar (*sat-chit-ananda*). Sus extremidades rebosaban belleza y la frescura de la juventud. Sus deliciosos labios se curvaban ligeramente en una sonrisa. Con un movimiento de cabeza, le dio a Vyasa los sentidos espirituales para experimentar el mundo más allá de la materia.

Vyasa vio la luz cegadora de sus meditaciones anteriores detrás de la cortina material. Era tan brillante como millones de soles e irradiaba del cuerpo de la Persona Suprema que estaba frente a él. Cuando la luz se intensificó, Vyasa solo vio la Unidad sin forma, pero en un instante Vyasa volvió a ver al Supremo en su forma personal, enormemente refulgente. Así descubrió que la Unidad impersonal que había experimentado en las meditaciones previas tomándola por el destino supremo era el aura del cuerpo de la Persona Suprema. Ese resplandor, o Brahman, es la manifestación primaria del Absoluto de la primera cualidad de la conciencia: *sat*, o ser.

El Supremo le mostró a Vyasa que la Superalma presente en el corazón de todos los seres sensibles tiene un conocimiento ilimitado de todos en todo momento y es la manifestación del Absoluto de la segunda cualidad de la conciencia: *chit*, o conocimiento.

La relación de estos dos rasgos del Absoluto —Unidad (*sat*) y Superalma (*chit*)— se hizo evidente de inmediato para Vyasa cuando se desvaneció en éxtasis sagrado al ver la cautivadora forma personal de la divina juventud (*ananda*) frente a él. Ahora, al haber contemplado las tres características del Supremo —*sat*, *chit* y *ananda*—, Vyasa se dio cuenta de que había experimentado la realidad, la conciencia suprema, en su totalidad.

El Ser Supremo desplegó sus pasatiempos sagrados como una representación frente a Vyasa, haciendo que Vyasa olvidara por completo las otras dos características. Vyasa no podía entender si estaba viendo al Supremo con sus ojos, con su mente o con un poder del alma que trascendía a ambos. Simplemente observaba, encantado, cómo la Persona Suprema entablaba intercambios amorosos con innumerables almas: sentarse y comer juntos, jugar y bromear, cantar, tocar instrumentos musicales, bailar, tomarse de las manos o abrazarse. Vestidos magníficamente con sedas y terciopelos, se adentraron en un gran pabellón repleto de gemas.

De repente, el trance de Vyasa cambió y la escena ante él desapareció. Ahora Vyasa volvió a ver a la Persona Suprema ante él. Detrás del Supremo se encontraba la energía material personificada con las palmas unidas, atenta a las órdenes del Supremo. Comprendió en un instante que la creación material, la energía propiedad del Supremo, estaba subordinada a él y cumplía su voluntad de facilitar los deseos del alma de estar separada del Supremo, la esencia o fuente del alma. Para facilitar la ambición del alma, la energía material engañó a las almas sobre sus expectativas espirituales.

Cuando la relación entre la materia y el Supremo se hizo evidente, la atención de Vyasa se dirigió hacia una nueva representación, en la cual las almas en todos los universos estaban encerradas dentro del mundo material. La energía material creó un espejismo frente a estas almas ilimitadas. Desesperadamente sedientas, persiguieron lo que creían que era el agua de la felicidad. Pero estaban equivocadas. El agua de la alegría estaba dentro de ellas, sin embargo, la buscaban fuera de sí mismas, persiguiendo el espejismo en lugar de sumergirse en el agua del océano espiritual interno. Vyasa fue testigo del desarrollo de una miseria creciente, hasta el extremo de oír solo llantos en todas las direcciones.

Con los ojos de par en par, Vyasa colocó instintivamente la mano sobre el corazón. Le dolía el sufrimiento de esas ilimitadas almas. Luego se le mostró el remedio para su situación: vio a una alma dedicarse al Supremo, abriendo su corazón para escuchar, hablar y actuar a su servicio. El lamento, la ilusión y el temor se extinguieron. Al entrar en contacto con el Alma Suprema, el alma se dio cuenta de su identidad espiritual y salió de la jaula de la materia hacia el mundo libre de ansiedades.

Cada alma que se centró en las cualidades y actividades del Supremo en un estado de ánimo de servicio amoroso logró la misma buena fortuna. Una tras otra, inundando sus mentes en temas relativos al Ser Supremo, lavaron sus cuerpos materiales y mentales, descubrieron su verdadero ser espiritual y fueron conducidas al reino espiritual.

Vyasa, observando primero con empatía y luego con alegría, sintió que las intuiciones excepcionales que se le mostraban conseguían que todos sus logros materiales y espirituales—su enseñanza compasiva a tantos estudiantes, su producción de libros llenos de conocimiento inigualable, sus experiencias trascendentes en meditación—fueran dignos y plenos. Ahora apreciaba profundamente por qué su maestro espiritual Narada le había dicho que su contribución literaria hasta este punto era un flaco favor a la humanidad.

En ese momento finalizó su visión. Vyasa buscó al principio desesperadamente a esa atractiva Persona Suprema que había desaparecido; sin embargo, a medida que sus sentidos regresaban gradualmente al mundo que lo rodeaba, su necesidad se transformó de un deseo de retener lo que había experimentado a un deseo de ofrecer a los demás lo que había recibido.

Plenamente presente, sintió el peso de su don y supo que necesitaría ayuda para compartirlo. Sí, escribiría el *Bhagavata*, un texto incomparable a cualquiera de sus escritos anteriores, pero aun así necesitaba a alguien para llevar esta comprensión al mundo. ¿A quién se la podría enseñar? Cientos de los mejores estudiantes del mundo habían acudido a su *ashram* para aprender de él; después de todo, era famoso como el erudito védico más sobresaliente. Pero los estudiantes competentes eran escasos. De entre miles, eran pocos los que buscaban el conocimiento espiritual verdadero. La mayoría se satisfacían intentado complacer el cuerpo y la mente mediante la acumulación de bienes y conocimientos, y solo deseaban aprender principalmente el tipo de sacrificios védicos que los ayudarían a lograr tales fines. De aquellos que buscaban el conocimiento trascendental, pocos tenían la naturaleza para resistir toda una vida de ascetismo. Y aún eran menos los que poseían la capacidad intelectual y la resistencia necesarias para un estudio riguroso.

A sus alumnos les llevaba décadas aprender los textos espirituales y mucho, mucho más tiempo darse cuenta y encarnar lo que habían estudiado. Vyasa se dio cuenta de que, de todos sus estudiantes, solo Shuka, que había nacido con un nivel de realización espiritual que la mayoría de los estudiantes tardaría toda una vida en alcanzar, era el más adecuado para ayudarlo.

¿Pero dónde estaba? Vyasa tenía que encontrarlo. Y si lograba encontrarlo, ¿cómo sacarlo del bosque y echar por tierra su decisión de permanecer renunciado sin serse afectado por la mentalidad y las personas a las que Vyasa quería servir? Vyasa sabía por experiencia que Shuka disfrutaba de la felicidad perfecta de saber que su yo era eterno y permanente. Tal estado elimina todos los miedos y ansiedades y, por lo tanto, cualquier necesidad de actuar en el mundo.

Quizás si pudiera inducirle a escuchar la poesía que estaba ahora componiendo sobre la Suprema Persona, una poesía que hablaba de las actividades, nombres y cualidades de amor, compasión y bondad del Supremo —la persona que Vyasa había experimentado en su meditación—, Shuka se interesaría. La experiencia de Vyasa de la Persona Suprema lo había llevado a alturas de felicidad extática más allá de lo que había experimentado al meditar sobre la Unidad o la Superalma. Quería darle la misma oportunidad de éxtasis a Shuka, que luego podría difundirlo por el mundo.

Mientras Vyasa seguía pensando en maneras de atraer a su hijo, terminó su composición, el *Bhagavata*. Vyasa consideró el *Bhagavata* la culminación de todo lo que había escrito hasta la fecha: el trabajo supremo de su vida. Este trabajo era un *samadhi bhasya*, un comentario esclarecedor nacido de la meditación pura y realizada. Ahora, con su tratado de *bhakti* completo, Vyasa se sintió pleno y satisfecho. Las enseñanzas del Bhakti que habían sido entretejidas, aunque en gran parte de manera oculta, en los *Vedas, Upanishads, Vedanta Sutras, Puranas, Mahabharata,* y *Bhagavad Gita* relucían con claridad en el *Bhagavata*.

Vyasa envió un leñador al bosque cada día para que recitara algunos de los versos poéticos del *Bhagavata,* esperando que el leñador se cruzara con Shuka. Y así lo hizo. En una de las expediciones del leñador, la meditación de Shuka se vio interrumpida al escuchar las composiciones de su padre. Shuka no podía entender por qué los versos lo afectaban tanto. Había trascendido las pasiones humanas, pero al escuchar esta poesía, sintió otro tipo de emoción. Concluyó que las emociones que estaba sintiendo debían ser completamente trascendentes. Nunca había sentido tales cosas. Lo condujeron a un estado del yo más poderoso que el logrado con su meditación en el ser.

Shuka supo que era obra de su padre y decidió regresar a casa para aprender más. Padre e hijo se abrazaron. En aquel momento Vyataki se acercó llorosa y finalmente pudo tener a su hijo a su entera satisfacción. Vyasa estuvo seguro de que su experiencia meditativa y sus significados pronto permanecerían en las competentes manos de Shuka.

Pero Shuka tenía algo que compartir primero: "Cuando escuché tu poesía, mi corazón se agitó y me llené de alegría. Sé que soy un ser espiritual y soy totalmente indiferente al disfrute material; por tanto sé que si algo me cautiva debe tratarse de un tema espiritual. Soy consciente de estar en el cuarto nivel, en la etapa de la liberación. Tras escuchar estos versos comprendo que debe haber una quinta dimensión. Enséñame, padre".

Sonriendo, Vyasa se dispuso a enseñarle a su hijo los misterios de la conciencia que había descrito en el *Bhagavata* desde su experiencia en *samadhi*. Le mostró principalmente a su hijo que la expresión completa de la liberación se manifiesta cuando el *atma*/yo se conecta con su Fuente prestándole un servicio amoroso. Cuando sus estudios se completaron, Shuka se fue de nuevo, esta vez con *bhakti* puro, amor sabio, hacia el Supremo fluyendo en su corazón. Vyasa no sabía si volvería a ver a su hijo, pero sabía que Shuka sería llamado a un servicio importante.

El rey Parikshit era el emperador indiscutible del mundo, pero un día se quitó la corona y la túnica real, dejó su palacio, ministros, consejeros, esposa, hijos y amigos, y se dirigió a un bosque aislado, cerca de la ribera del Ganges donde poder concentrarse.

Rápidamente se corrió la voz de que un niño frívolo había maldecido al muy querido rey de modo que iba a morir en siete días. Cuando el rey Parikshit se encontró finalmente entre los árboles, se sentó humildemente en el suelo y se dispuso a ayunar de comida y agua esperando la muerte. Hizo una pregunta y estaba decidido a dedicar cada minuto que le quedara a escuchar a los santos, sabios y clarividentes experimentados que habían llegado para responder a su pregunta. La pregunta era: "¿Cuál es la actividad perfecta de cualquiera en cualquier circunstancia, específicamente en el caso de aquellos que están a punto de morir?".

Los sabios consultaron entre sí para debatir las respuestas, pero el murmullo de sus voces se vio interrumpido por la risa despectiva y las chanzas de unos niños. Los niños se detuvieron al borde del claro: en medio de ellos estaba Shuka, el objeto de sus burlas. Había llegado desnudo a la asamblea donde su padre, Vyasa, y el maestro de su padre, Narada, se encontraban sentados con cientos de pensadores, místicos, sabios y espiritualistas de renombre de la época. Los niños se callaron cuando vieron la solemne reunión. Al darse cuenta de que Shuka no era un loco, sino un sabio errante, dejaron de burlarse de él y escaparon.

Shuka se incorporó a la asamblea. Casi nadie lo conocía. Aun así, los sabios que eran expertos en fisonomía vieron en él signos de un alma desapegada y un genio espiritual. Aunque solo tenía dieciséis años, había trascendido claramente la identificación con su cuerpo y había conquistado sus pasiones. Los miembros de la asamblea, comprendiendo que ni tan siquiera la muerte podía quitarle nada a Shuka, y que esto lo capacitaba para responder la pregunta del rey, al igual que los niños, guardaron silencio. Se alzaron al unísono en dirección a Shuka con las palmas juntas y la cabeza inclinada para honrar al joven liberado. Los sabios reconocieron que Shuka sobresalía en cualidades espirituales debido a que su comprensión no estaba cubierta por el ego.

Shuka se mostró también humilde, e intercambió saludos y abrazos, tomó las manos de la gente entre las suyas, asintió e inclinó la cabeza. A pedido de los sabios, y con su bendición, tomó el asiento del orador: parecía una luna rodeada de estrellas. Era hermoso y todos lo respetaban. Se sentó perfectamente tranquilo, inteligente y preparado para responder cualquier pregunta sin dudar.

Vyasa, que no había visto a Shuka por algún tiempo, estaba tan ansioso como los demás por oírle. Vyasa sabía que la experiencia espiritual evoluciona en un corazón iluminado y que en dicho corazón la enseñanza sigue siendo relevante y viable. Una sucesión de maestros ilumina a los estudiantes nuevos mediante su experiencia personal de la trascendencia; es así como el conocimiento permanece vivo, no trillado ni distanciado. Él era consciente de que esa era la naturaleza de la verdadera revelación. Vyasa y Narada se dispusieron a escuchar atentamente. La relación individual de

Shuka con el Supremo haría que su discurso estuviese inspirado de forma singular, ya que ninguna alma es igual a otra.

Shuka comenzó:

> *anta-kale tu purusha*
> *agate gata-sadhvasah*
> *chindyad asanga-shastrena*
> *spriham dehe 'nu ye cha tam*

En la última etapa de la vida, se debe ser lo suficientemente valiente como para no temer a la muerte. Se debe cortar el apego al cuerpo material y todo lo relacionado con él con el arma del conocimiento.

— *Bhagavata* 2.1.15

> *etan nirvidyamananam*
> *icchatam akuto-bhayam*
> *yoginam nripa nirnitam*
> *harer namanukirtanam*

Oh Rey, el canto constante del santo nombre de Hari, el Supremo [*prema-kirtan*], según lo orientaron las grandes autoridades, es sin duda alguna el camino más intrépido para que todos alcancen el éxito, incluidos los que están libres de todos los deseos materiales, los que desean todo el disfrute material y los que están autosatisfechos mediante el conocimiento trascendental.

— *Bhagavata* 2.1.11

Shuka recitó los dieciocho mil versos del *Bhagavata* sin detenerse durante los siete días previos a la muerte del rey. Su esperanza de alcanzar la perfección personal sin preocuparse por los demás había desaparecido de su corazón y, en vez de ello, su tierno corazón destilaba compasión por todos los seres y por el gentil rey sentado frente a él. Su único deseo era ser de ayuda.

Mientras el sol salía y se ponía, hora tras hora, los asistentes se sumergieron con Shuka y Parikshit en el océano de enseñanzas y narraciones trascendentales de las actividades de la Persona

Suprema. El Rey Parikshit ascendía una y otra vez sobre las olas de dicho océano y suplicaba a Shuka que siguiera hablando para beneficio del mundo, que había sido cuidado por el rey como si de su propio hijo se tratara, y que ahora estaba a punto de abandonar.

Vyasa había realizado severas austeridades. Después de mucho esfuerzo, había perfeccionado los diversos sistemas de yoga y conocimiento y había obtenido experiencia de primera mano del Supremo en sus tres características de *sat-chit-ananda*. Sin embargo, Shuka y Parikshit alcanzaron la misma posición espiritual plena que la alcanzada por Vyasa, sin haber llevado a cabo sus arduas prácticas. Pocos en la asamblea podrían haber seguido el camino yóguico de Vyasa. Muchos menos pueden hoy en día. Pero Shuka, hablando simplemente de la Persona Suprema, y Parikshit, escuchando simplemente acerca de él, lograron el cenit del éxito espiritual. Demostraron así que las estrictas calificaciones requeridas para otras prácticas y yogas no son requisitos para la perfección en el bhakti.

Vyasa, Shuka y Parikshit vivieron hace milenios, pero nuestra necesidad de encontrar significado—encontrar el hogar—sigue siendo igual de irresistible. El Vedanta nos muestra el camino de la conciencia, hacia el amor sabio del alma.

Elevar la conciencia

*El verdadero viaje del descubrimiento
no consiste en buscar nuevos paisajes
sino en tener nuevos ojos.*

MARCEL PROUST

*Lo que buscamos
es lo que nos está mirando.*

SAN FRANCISCO DE ASÍS

Capítulo 1

El ser sensible

Estamos interesados en nosotros mismos, y nuestra felicidad es nuestra principal preocupación. ¿Pero quiénes somos? Si no sé quién soy, ¿puedo conocer mi propósito o sentirme satisfecho? Siguiendo la antigua máxima "Conócete a ti mismo" encontraré significado y mi verdadero hogar. El *bhakti* yoga, como explicación del yo y medio para descubrirlo, es eminentemente pragmático y profundamente intuitivo. El *bhakti* nos ayuda a percibir directamente nuestra verdadera identidad al revelar cómo nuestras experiencias diarias actuales reflejan la naturaleza inmutable del yo eterno.

Cuando era joven, tenía una necesidad apremiante de saber quién era, así que me lancé a una búsqueda exhaustiva —y agotadora— de respuestas. Desde entonces, con la ayuda de mi estudio y práctica, he experimentado directamente mi ser atemporal. Ahora puedo identificar fácilmente qué pensamientos y rasgos son del ser eterno y cuáles surgen del cuerpo-mente temporal que he identificado erróneamente como mi yo.

El ser, de acuerdo con todas las tradiciones *vedantistas*, es la conciencia. Cuando hablamos de conciencia, nos encontramos con un problema "difícil" para el mundo occidental. Los pensadores se preguntan por qué experimentamos lo que experimentamos. Muchos insisten en que la conciencia no es más que una sofisticada reacción química en el cerebro, un fenómeno puramente material. Los neurocientíficos y los filósofos de la mente explican diferentes facetas de la conciencia, pero no pueden explicar cómo nuestro continuo de experiencias crea una identidad propia que dura más que el momento preciso de cada experiencia. Tampoco pueden explicar por qué tenemos una experiencia subjetiva de ver el color azul o probar la miel. En otras palabras, la ciencia no ha podido explicar cómo experimentamos lo que experimentamos. Sin embargo, somos experimentadores. El *Vedanta* explica que la conciencia es el experimentador.

En su libro *Consciousness: An Enquiry into the Metaphysics of the Self*, Hane Htut Maung afirma: "Como indicara David Chalmers (1996), cualquier intento de describir la conciencia en términos de otros fenómenos es infructuoso, ya que solo puede describirse en términos de sí misma. Por lo tanto, la conciencia es, de alguna manera, diferente a cualquier otra cosa que conozcamos. El hecho de que no pueda caracterizarse en términos de otra cosa que no sea ella misma sugiere que es un fenómeno único de su propia especie".

A veces ubicamos la conciencia en el cerebro porque definimos la conciencia en términos de funciones mentales como percepción, introspección, discernimiento, cognición, atención, memoria, intención y emoción. Aunque es cierto que el ser es consciente y percibe, es atento e intencional, estas son las funciones más simples de la conciencia, que cuenta con una serie de poderes y atributos.

A menudo al comunicarnos usamos la palabra *conciencia* para referirnos a los asuntos de la mente. Pero la mente cambia, aunque la conciencia está fija. Nuestro sentido del yo – la expresión de la conciencia – es perfectamente constante. Recordamos andar en bicicleta, jugar a la pelota y nadar cuando éramos niños tan fácilmente como recordamos lo que hicimos ayer. Aunque la mente evoluciona a medida que avanzamos desde la infancia hasta la edad adulta – lo que nos permite una mayor cognición y razonamiento –, seguimos sabiendo que somos la misma persona que registró esas experiencias de la infancia hace muchos años. El cuerpo de la infancia desaparece, pero nosotros permanecemos. Además, aunque la calidad de nuestra existencia puede haber mejorado y nuestra capacidad de efectuar cambios en el medio ambiente ha aumentado, no existimos "más" a medida que el cuerpo envejece; ni existimos "menos".

El difícil problema de la conciencia para la mente occidental es lo suficientemente complejo como para que, al menos, sospechemos de los intentos de resolver el dilema de la conciencia con los conceptos y métodos desarrollados para explicar la materia. Como Richard Seizer escribe en *Mortal Lessons,* "El cirujano conoce todas las partes del cerebro, pero ignora los sueños de su paciente".

Como la conciencia es subjetiva, el debate y la teoría solo pueden acercarnos a ella, y no podemos conocer la conciencia con nuestras facultades mundanas. Solo la conciencia puede conocer la conciencia.

Entonces, ¿cómo nos conectamos con la nuestra? Para comenzar, necesitamos una comprensión teórica de la conciencia. Con la comprensión del conocimiento preliminar actuamos, y al hacerlo podemos llegar a experimentar el yo/conciencia.

Como *soy* conciencia, por extensión, mi experiencia es la experiencia de la conciencia. Si examino mis experiencias, puedo aprender algo sobre la conciencia. Así que veamos algunas experiencias comunes. Nos percibimos como individuos. Como individuos, tenemos voluntad, deseos, emociones y la capacidad de actuar. Razonamos, disfrutamos, aprendemos y damos sentido a nuestro entorno y a nuestras relaciones.

El *bhakti* confirma: ¡sigue la iniciativa de tu experiencia! Has identificado el carácter de la conciencia. Como unidad de conciencia, tu personalidad—tu individualidad—nunca se destruye. La individualidad, las emociones, el libre albedrío, los deseos, el conocimiento y el sentido son solo algunos de los rasgos duraderos de la conciencia.

Experimentamos el ser de dos maneras, mediante la cabeza que razona y el corazón que siente.

La razón nos distingue de otros animales y nos ofrece una clave para la verdad y la capacidad de trascender nuestra animalidad mediante la objetividad. Al mismo tiempo, cuando examinamos cuidadosamente nuestra naturaleza, encontramos que los sentimientos tienen generalmente más poder que los pensamientos; las emociones tienen prioridad sobre la razón. Es por medio de las emociones asistidas por la razón que atribuimos valor y significado a la vida. Las emociones no pueden ser ignoradas al tomar decisiones. Nuestra vida cotidiana es una vida emocional.

El filósofo de la Ilustración David Hume afirmó: "La razón es esclava de las pasiones". Algunos de los últimos descubrimientos en neurociencia están de acuerdo. El innovador descubrimiento del neurocientífico cognitivo Antonio Damasio demuestra que las personas cuyos centros del cerebro controladores de las emociones resultaron dañados no podían tomar decisiones, ni siquiera sencillas, como qué comer. La toma de decisiones, afirma Damasio, es un proceso emocional.

En *The HeartMath Solution,* los autores Doc Childre y Howard Martin indican: "Es bien sabido por los investigadores del cerebro que [a la sazón] el cerebro pensante crece a partir de las regiones emocionales... En un niño por nacer hay un cerebro emocional mucho antes de que haya uno racional, y un corazón que late antes que los dos primeros".

Además, en la década de 1990, los fisiólogos John y Beatrice Lacey descubrieron que el corazón tiene un sistema nervioso independiente, que los Lacey llamaron "el cerebro en el corazón". Los Lacey descubrieron que cuando el cerebro enviaba "órdenes" al corazón a través del sistema nervioso, el corazón no obedecía simplemente. "En vez de ello, el corazón respondía como si tuviera su propia lógica particular. A veces, cuando el cerebro enviaba una señal de excitación al cuerpo en respuesta a los estímulos, el ritmo cardíaco se aceleraba consecuentemente. Pero con frecuencia se reducía mientras los demás órganos respondían con excitación. La selectividad de la respuesta del corazón indicaba que no se trataba simplemente de una respuesta mecánica a una señal del cerebro".

El *bhakti* señala que el yo está situado en el corazón y es el agente último a la hora de elegir.

Aunque la razón se considera a menudo superior a la emoción y, por lo tanto, se la prefiere, la emoción está implicada y no siempre está controlada por la razón. Por ejemplo, los científicos tienen sus prejuicios. Incluso aquellos que son extremadamente rigurosos en sus investigaciones y experimentos tienen un componente emocional que informa las decisiones que toman, como el área de la ciencia que están estudiando, las teorías con las que están trabajando, la naturaleza y estructura de su trabajo de campo y lo que dichas experiencias han puesto sobre la mesa y, en última instancia, cómo se sienten acerca de lo que están estudiando. ¿El científico busca la cura del cáncer porque un ser querido murió de la enfermedad cuando él era niño? ¿Cómo se alinea la investigación de un científico con su posición política? ¿Fue el científico criado en una tradición religiosa que se declara a favor o en contra de lo que está haciendo? Es imposible escapar del prejuicio personal, y el prejuicio es el hijo bastardo de la emoción.

¿Y acaso no es la emoción la diferenciación definitoria entre los seres vivos y las máquinas? Tanto los seres vivos como las máquinas son capaces de procesar datos (razonamiento básico). Los datos procesados por un ser humano pueden convertirse en pensamientos expresados de manera única −perspicacia, invención, arte, innovación−, a medida que pasan a través del sentimiento y la intuición de la persona. Las computadoras pueden procesar datos durante años, pero no aprenderán de experiencias pasadas, ni darán sentido a ideas abstractas, ni poseerán expresiones emocionales, ni transmitirán información intuitiva, ni usarán el sentido común, ni se adaptarán a nuevas situaciones.

La razón nos es útil solamente hasta cierto grado. Por ejemplo, las personas conocen el daño que los cigarrillos, las drogas o el alcohol causa en la salud e incluso pueden examinar la información sobre lo que el tabaco le hace al cuerpo. Pueden escuchar (o ver, lo que puede ser impactante) sobre imágenes de otras personas con la laringe extirpada quirúrgicamente por causa del fumar. Pero a menos que estén convencidos del peligro que ellos mismos enfrentan al fumar, no se abstendrán de hacerlo. Por lo tanto, hacemos cosas —a veces repetidamente—, que nos perjudican. ¿Por qué? Porque las emociones mandan.

Idealmente, hacemos uso de nuestra razón y nuestro conocimiento para controlar las acciones impetuosas, inmorales, dañinas o tontas, así como para avanzar en la ciencia, medicina, tecnología, psicología y más. Nos referimos a estos dos esfuerzos como "elevarse sobre la animalidad" y "encarnar plenamente nuestra humanidad".

Aunque la razón es indispensable y la objetividad valiosa y ensalzada, una vida regida solo por la razón, objetiva (y, por extensión, cautelosa) puede resultarnos anodina. Mediante la razón podemos *saber* algo, pero no podemos experimentar ese algo.

Por ejemplo, las manzanas son rojas, firmes, crujientes, dulces, casi esféricas y un poco pesadas. En el interior podemos ver gotas de jugo, semillas, un núcleo. Nos han dicho que son buenas para nuestra salud, que están llenas de antioxidantes y fito-nutrientes. Todo lo anterior son cosas que *sabemos* sobre las manzanas. ¿Pero acaso podemos conocer las manzanas sin haberlas probado nunca? Saber acerca de una manzana ni siquiera puede compararse remotamente con la experiencia de morder una: sus jugos bailan en nuestras papilas gustativas, nuestro sentido auditivo capta su sonido crujiente. Podríamos exponer las propiedades de una manzana durante horas, pero la razón nunca será capaz de proporcionar el simple sabor de la fruta.

Si encumbramos la razón y el conocimiento por encima del yo/la conciencia, que existe más allá de la razón, es posible que progresemos más allá de nuestra animalidad, pero no seremos capaces de elevarnos por encima de nuestra humanidad. Comprender el yo es la mayor promesa de ser humano.

El yo es el *propietario* de la razón y el sujeto verdaderamente digno de amor, y es a él a quien debemos colocar en el altar de nuestras vidas, no la razón. Dicho yo es distinto de la forma física, ya sea la del cuerpo de un humano, de un animal o de una planta.

La nuestra es una vida emocional. ¿Por qué? Porque la conciencia tiene una vida emocional. Como describe la *Gita*, mi vida actual es un reflejo del espíritu (lo describo con mayor detalle en el capítulo seis). La emoción material refleja, aunque lo haga pobremente, la emoción espiritual.

Somos fervientes buscadores de amor porque al yo, como describe el Bhakti Vedanta, lo impulsa el amor. Y queremos un amor sabio –un amor puro, trascendente y duradero–, no un amor mundano que nos eleve y luego nos sumerja en la depresión o en una desesperación inconsolable. Los sentimientos materiales son transitorios. Los estados de ánimo deambulan y cambian en minutos, meses y años. Cambian de manera inevitable. Todo lo material perece, ya sea una emoción, una posesión, una relación o un pensamiento.

Por otro lado, las emociones espirituales perduran y se expanden, pues crecen del espíritu eterno mismo. Los estados emocionales puros existen eternamente, una vez manifiestos al despertar el ser. Estas emociones espirituales le dan a la vida un significado trascendente. Habremos descubierto nuestro hogar cuando alcancemos un entendimiento que perdure. Otra forma de decirlo es la siguiente: cuando nos conozcamos, estaremos en casa.

La práctica del *bhakti* yoga nos ayuda a obtener una experiencia personal del yo como algo distinto del cuerpo-mente material y de toda la materia inanimada. Con el paso del tiempo, nos llegaremos a conocer íntimamente. Conocer el yo nos da poder para actuar como el yo y, a partir de ese momento, entramos en un mundo muy diferente, un mundo nuevo.

Capítulo 2

El milagro en nosotros: ser, conocer, amar

Cuando nos encontramos por fin con el ser, conocemos a una persona segura y alegre con características excepcionales y posibilidades ilimitadas. Dado que el yo se origina fuera de las limitaciones del tiempo y el espacio, sus cualidades inherentes son notables, incluso inconcebibles. Desde que éramos jóvenes intuimos la existencia de esta persona extraordinaria. Sabíamos que éramos especiales y destinados a la grandeza: hasta que la vida nos mostró lo contrario. Afortunadamente, ni el mundo material ni el desarrollo del ego material son la realidad última, y la sensación que teníamos de que somos más de lo que vemos es objetivamente precisa.

El Bhakti Vedanta explica que, al igual que ocurre con la Conciencia Suprema (como hemos leído en el prólogo), el yo/conciencia es el milagro combinado de *sat-chit-ananda*, o ser, conocer y amar. Experimentamos que existimos, que somos conscientes y que amamos. Existimos, sabemos, amamos. En la misma medida en que la conciencia es indestructible e inmutable, así también lo son sus cualidades. Existimos, sabemos y amamos incluso después de la desaparición del cuerpo. ¡Qué pacíficos y libres nos volvemos cuando nos asentamos en el conocimiento de que somos eternos y la muerte deja de amenazarnos!

Existen tres yogas, y cada uno de ellos ha sido diseñado para que el practicante pueda comprender el yo y experimentar uno de los estados de conciencia, o una de las características *sat-chit-ananda* del Supremo. En el prólogo aprendimos sobre estos aspectos, cuando descubrimos que Vyasa vio tres formas del Absoluto.

Hay un yoga para alcanzar la cualidad *sat,* o la perfección del ser; un yoga para alcanzar la cualidad *chit,* o la perfección del conocimiento; y un yoga para alcanzar la cualidad *ananda,* o la perfección del amor. A estos yogas se les conoce como *jñana* yoga, *ashtanga* yoga y *bhakti* yoga respectivamente. Los practicantes eligen su camino concienzudamente una vez comprendido el objetivo de su camino, pues al lograr el objetivo de su yoga alcanzan un estado eterno e inmutable.

En la perfección ofrecida por el *jñana* yoga, el yo se da cuenta de sus cualidades inherentes y permanentes, así como que forma parte del tejido expansivo y seguro de la existencia eterna. El yo se da cuenta de que existe: eternamente. Las experiencias del nacimiento, vejez, enfermedad, sufrimiento, infelicidad y muerte, que producen una apariencia de temporalidad, pertenecen solo al cuerpo. La felicidad de la tranquilidad condensada de esta autorrealización provoca una alegría muy intensa porque el yo es inexpugnable y autosatisfecho. Esta fue la experiencia de Shuka.

En la perfección que ofrece el *ashtanga* yoga, el yo conoce de manera perfecta. Sabe todo sobre sí mismo, como se mencionó anteriormente, y conoce su raíz primordial, la Superalma, sin la cual el propio yo carece de existencia. Al conocerse a sí mismo y a la Superalma, el yo sabe todo lo que se debe saber porque la suma total de la realidad es la Conciencia Suprema, la autoconciencia y su relación. El ser reconoce que la Superalma es omnisciente, omnipotente y omnipresente. Al observar la majestad del infinito, el yo finito siente asombro y veneración. En esta comprensión, el yo no solo es pacífico en grado sumo, sino que tiene una conexión emocional con el Supremo. Pero debido a la adoración pasiva que provoca contemplar la majestuosidad del Supremo, la relación entre el yo y el Supremo es respetuosamente distante.

En la perfección del *bhakti* yoga, el yo ama de manera suprema e impecable. Se comprende a sí mismo y al Supremo tal como en la realización *ashtanga* (*chit*) ya explicada; sin embargo, para facilitar la plena expresión del amor sabio, el Supremo manifiesta una forma personal aparentemente finita donde oculta su majestad. Esto permite al yo estar íntimamente relacionado con el Supremo como sirviente, amigo, afectuoso superior o amante. De esta manera, la reverencia y veneración son reemplazadas por una posesividad íntima y el yo flota en el deleite de la más dulce intimidad con el Supremo. El afecto del yo por su Fuente rebosa con una intensidad de amor que supera con creces nuestra experiencia en las relaciones usuales. Tal amor sabio no está contaminado por la materia, aumenta sin límite y siempre es fresco.

Los clarividentes y sabios dicen que si tomamos la felicidad combinada del ser (*sat*) y el conocer (*chit*) y la multiplicamos un billón de veces, dicha felicidad no se puede igualar a una sola partícula del éxtasis que se experimenta cuando el amor se convierte en el estado de amor sabio.

Cada vez que en el *Vedanta* se enumeran las características de la conciencia, se repiten siempre en la misma secuencia: *sat-chit-ananda*, ser, conocer, amar. Poniendo énfasis en lo último: amar, *ananda*. ¿Por qué?

Para poder comprender la exhaustividad metafísica del yo cuando alcanza *ananda*, o el amor sabio del *bhakti*, contemplen los siguientes axiomas:

Alguien que existe no necesariamente conoce o ama.

Pero si alguien conoce, debe existir, aunque no ame.

Sin embargo, si alguien ama, entonces existe y conoce.

En resumen, el existir (*sat*) no necesariamente incluye el conocer (*chit*) o el amar (*ananda*). El conocer incluye el existir, pero no necesariamente amar. Sin embargo, una existencia amorosa incluye automáticamente saber y existir.

De esta manera, el último elemento en la lista de los atributos del yo — amar — es el estado existencial más completo. Del mismo modo que el existir se mejora con el saber, tanto el existir como el conocer son mejorados al amar. Una existencia amorosa es la existencia más satisfactoria y grandiosa.

El *bhakti* afirma que cada uno de nosotros es una realidad impulsada por el amor generado a partir de una Realidad imbuida de amor. Así como me veo obligado a amar, también lo hace mi Fuente Divina, de quien obtengo todas mis propensiones. El deseo insaciable de mi Fuente de una reciprocidad amorosa ilimitada crea una necesidad apremiante. En esta verdad, descubro que el Supremo — aquel que lo posee todo — está interesado en mí. Aunque soy pequeño, soy importante para él. Ser una unidad de amor me da un valor inestimable, y por eso soy alguien que él desea. ¿Cuál es mi futuro si mi Fuente, el receptáculo de la alegría más elevada, ilimitada en su capacidad de dar, recibir y dar refugio, me premia y yo le correspondo amándole?

Si pudiéramos comprender el carácter confidencial del Supremo, podríamos satisfacer todos los propósitos, consumar todos los significados y alcanzar el cenit de nuestra existencia: regresar al hogar, al corazón verdadero.

Capítulo 3

El ámbito de la mente

Para poder ver el ser real hemos de aprender a distinguirlo del falso yo. Antes de que podamos identificar el falso yo, necesitamos hablar sobre la mente.

Así como el cuerpo físico denso está compuesto de tierra, agua, fuego, aire y éter (en terminología actual: sólidos, líquidos, plasma, gases y espacio vacío), la mente puede dividirse en tres componentes: facultades mentales (mente), inteligencia y ego. En conjunto, mente, inteligencia y ego componen nuestro cuerpo psíquico, o cuerpo sutil. Tenemos un cuerpo denso/físico y un cuerpo sutil/mental. Un importante detalle a tener en cuenta: sutil no significa necesariamente espiritual. Los órganos psíquicos de la mente, la inteligencia y el ego falso, aunque sutiles, son materiales e inertes cuando están desconectados del yo/conciencia.

La mente piensa, percibe y siente. La inteligencia aprende de la experiencia y diferencia entre la materia y el espíritu mediante el razonamiento. El ego es la facultad por la cual nosotros como individuos nos diferenciamos de los demás; es nuestro sentido de yoidad. La mente, la inteligencia y el ego en conjunto, cada uno con sus características distintas, es lo que el Bhakti Vedanta llama "la mente". Me gusta llamarlo "mente-materia".

Nuestros cuerpos densos y sutiles son los sofisticados aparatos que permiten—al yo/la conciencia—interactuar con la materia. Hagamos una breve pausa para permitir que ese concepto se asiente un poco. El yo/la conciencia es capaz de interactuar con la materia—una sustancia completamente ajena a él, diferente de él en todos los sentidos—, a través del cuerpo psíquico, el cuerpo sutil de la materia mental.

El cuerpo psíquico, un órgano interno y sutil, tiene la capacidad de reflejar la conciencia y sus cualidades. Dicho de otra manera, la conciencia se refleja en el cuerpo psíquico, que tiene la capacidad de adquirir cualidades similares a la conciencia. La razón por la cual nuestra experiencia material refleja la vida de la conciencia se debe a que la conciencia le cede sus cualidades al cuerpo psíquico; es la razón por la que podemos saber algo sobre la conciencia, simplemente examinando nuestras experiencias cotidianas.

Un ejemplo podría ayudarnos a visualizar la relación entre el yo/la conciencia y la mente-materia. Si colocamos un objeto azul al lado de un cristal, el cristal, debido a su calidad reflexiva, parecerá azul, aunque en realidad no tiene color. El órgano psíquico, tal como el cristal, adquiere el "color" de la conciencia. La materia mental parece sentir y pensar porque estas son actividades del yo/conciencia. De hecho, el cerebro y la mente son materiales y, como tales, no son capaces de tener experiencias. El experimentador es la conciencia.

Muchos consideran que la conciencia es lo que llamamos

mente. Además de esta confusión, algunos piensan que la mente es el cerebro, y otros tienen la noción de que el cerebro es la conciencia.

Nuestro pensamiento puede volverse bastante complicado: la mente es cerebro, es conciencia.

En realidad, el cerebro es el cerebro, la mente es la mente y la conciencia es la conciencia. Los tres componentes van de lo denso a lo sutil a lo espiritual, respectivamente, y se interconectan para permitirnos pensar, sentir y desear. Tener un cerebro y una mente nos permite llevar a cabo estas funciones mientras permanecemos en el mundo material. En el mundo espiritual, ni el cerebro ni la mente son necesarios para ayudar a la conciencia en sus capacidades naturales de pensar, sentir y desear.

El cerebro es el contenedor físico organizado para funcionar de acuerdo con las capacidades sutiles de la mente. La mente es el software que permite que el cerebro funcione; la mente tiene sus facultades debido a que la conciencia se refleja en ella.

El yo/conciencia emplea el cuerpo sutil y psíquico que consiste en mente, inteligencia y ego para manipular el cuerpo físico con el fin de entrar en contacto con el mundo que lo rodea mediante los sentidos. ¿Por qué? Porque el yo/conciencia desea satisfacer ciertos deseos en contacto con la materia. El espíritu, o la conciencia, necesita de estos dispositivos para manipular la materia y tratar de satisfacer dichos deseos. Es la conciencia la que experimenta el mundo: algo que podemos percibir de inmediato tan pronto como la conciencia abandona el cuerpo y el cerebro regresa a un estado inerte.

Reflexionar en qué siente y qué no siente nos brinda un primer atisbo de la diferencia entre materia y espíritu. ¡Cuán vasta es la diferencia entre una mesa y un ser humano! Cuán diferentes somos del órgano llamado cerebro que ocupa nuestro cráneo. Se actúa sobre la materia y la conciencia es el actor.

Aquí tenemos otro ejemplo: el reflejo de la luna en un lago solamente es posible debido a la existencia de una luna; sin embargo, hay una gran diferencia entre la luna y su reflejo. Lo mismo ocurre con el yo/conciencia y su reflejo en los cuerpos físico (denso) y psíquico (sutil). Somos conciencia. No nos mezclamos con este mundo ni tan siquiera cuando nos reflejamos en él. Sin embargo, hasta que no nos demos cuenta de la diferencia entre nosotros y nuestro reflejo, nunca nos conoceremos realmente a nosotros mismos, ni hallaremos nuestro camino al hogar.

He descubierto que hoy en día, muchas personas entienden fácilmente que el yo es diferente del cuerpo físico, pero tienen problemas para distinguir entre el yo/la conciencia y la mente-materia. Ello se debe a que nuestros pensamientos y emociones *sienten* como nosotros. Después de todo, nuestras vidas se viven en nuestra mente, o de acuerdo con las percepciones dictadas por la mente. El cuerpo sutil (mente, inteligencia y ego) está más cercano al yo y, por lo tanto, es más fácil confundirlos.

Pongamos que soy ingeniero. El trabajo que he realizado me ha dado un propósito, he contribuido al mundo y eso se ha convertido en parte importante de mi identidad. Pero el yo no es ingeniero, ni tampoco piloto, director de música, contable, funcionario público, esteticista, entrenador, profesor, desarrollador de páginas web, etc. Cuando muera, la identidad que formé en torno a mi trabajo no tiene sentido para mí. En mi próxima vida, podría incluso estudiar sobre el famoso ingeniero que fui; sin embargo, dicha persona será un completo desconocido: lo mismo que cualquier otra persona que me sea distante o desconocida.

No soy el trabajo que hice, las cosas que creé, el conocimiento que obtuve, ni estoy relacionado con el lugar donde nací. Todo lo que tocamos en el mundo de la materia es ajeno al yo.

Cuando dedique tiempo a desentrañar el espíritu de la materia que me rodea, comenzaré a ubicar dónde reside el significado perenne. Puedo confiar en tal significado. Donde hay un significado perdurable, está el yo/conciencia.

Usaremos la inteligencia para separar el yo del cuerpo. Luego, emplearemos esa misma inteligencia para separar el yo de la mente-materia: de nuestros pensamientos, emociones, juicios, percepciones e identificaciones. Podemos examinar: ¿Acaso soy realmente yo los pensamientos que acaban cruzar mi mente? ¿Era yo las emociones que sentí hace tres días (y que ya no siento)?

Bueno, podría decirse: *mis pensamientos y emociones son parte de mí. Si pongo todo junto, ese soy yo.* Pero la aparente totalidad de quien soy, mis partes físicas y psíquicas, están cambiando constantemente. Si pierdo un brazo o ambos, ¿soy menos yo? Si cambio mis puntos de vista sobre religión o política, ¿soy menos yo? Las células de mi cuerpo están muriendo y siendo reemplazadas contantemente. Mis estados mentales son aún más fluidos. Siempre estoy aprendiendo, así que he cambiado mis opiniones y juicios muchas veces en mi vida. Mis pensamientos y sentimientos también evolucionan. Entonces, ¿qué parte o partes soy yo? Soy todo eso y, sin embargo, nada de eso.

El alma está más allá del pensamiento y el sentimiento, pero puede pensar y sentir. ¿Cómo reconciliamos esta declaración aparentemente contradictoria? Estoy indicando la diferencia entre el pensamiento y la emoción materiales y los espirituales; la diferencia entre el falso yo y el yo verdadero.

Para vivir en la verdad hemos de separar el yo verdadero del falso. Un paso preliminar en nuestro objetivo es controlar la mente. Y una práctica inicial, que conducirá a una experiencia personal, es observar al mundo con los ojos del yo verdadero. De ese modo, las tendencias inherentes de la conciencia —servir, dar y amar—, colorearán nuestros pensamientos, acciones y emociones para cambiar nuestras vidas de manera permanente y positiva.

Capítulo 4

¿Quién sentirá el falso yo?

El falso yo —el sentido del yoidad que no perdura— se considera un *upadhi*, en sánscrito. La palabra *upadhi* se refiere a un fraude; algo falso se toma por real. Un billete falsificado se parece al papel moneda oficial pero no es de curso legal. Un *upadhi* es una imitación, como un bolso de diseño que luce como tal pero no es. ¿Acaso no te sientes estafado cuando compras involuntariamente una imitación? Los artículos fraudulentos, ya sean joyas falsas o una relación falsa, te hacen sentir violentado. Un fraude es un robo, una traición a la confianza.

Cuando compramos esperamos honestidad y verdad. Cuando se trata de la verdad existencial sobre nosotros mismos, la verdad sobre algo tan cercano a nosotros como lo es el yo, el fraude es algo más un hurto. Podemos vernos despojados de nosotros mismos y de nuestro potencial. Y lo que es peor: ¡yo mismo soy quien se traiciona a sí mismo! Yo creé la falsificación, con la ayuda y consentimiento de todos y de todo lo que me rodea, y me la vendo a mí mismo. Me aferro a ella como a mi vida. Después de todo, yo y todos los que conozco hemos invertido mucho en ella.

Pero ese falso yo es un engaño. Vivir basándose en el falso yo es una mentira que nos roba la felicidad duradera, el sentido de integridad, nuestro propósito y el amor verdadero. El falso yo piensa, siente, quiere y actúa solo en relación con el cuerpo-mente temporal. El falso yo da lugar a variedades ilimitadas de insatisfacción y angustia al ignorar al yo real (sin el cual el falso yo no puede existir ni funcionar).

El falso yo y sus producciones están siempre en cambio continuo. Podemos cambiar las nacionalidades, religiones, profesiones, familias, género y nuestras mentes. Podemos cambiar las creencias, cómo nos sentimos acerca de las cosas, en qué confiamos y lo qué queremos. ¿Porqué estamos cambiando siempre? Porque no estamos satisfechos: la satisfacción solo es posible en contacto con el yo verdadero. Las múltiples identidades mutables creadas por el falso yo ocultan el ser verdadero y su naturaleza duradera. El falso yo, también conocido en el mundo del yoga como ego falso, es un no-ser, un reflejo de la luna, no la luna misma. La raíz de todo nuestro sufrimiento se remonta a nuestra ignorancia de nuestra identidad. Tenemos que desarraigar este fraude.

Las disciplinas espirituales y psicológicas definen el *ego* de una manera u otra, pero no todas hablan del mismo fenómeno. A veces se confunde la sombra, de la que se habla en psicología, con el ego. La filosofía oriental se encuentra en la actualidad perfectamente vinculada con el pensamiento occidental. El pensamiento oriental se ha infiltrado silenciosa y sutilmente en cómo vemos el mundo y a nosotros mismos, dejándonos con una compleja mezcla de entendimientos sobre el ser y el ego.

Sin embargo, definiré el *ego* como lo define el *Vedanta*, como "el ser", "el yo". El *Vedanta* reconoce dos seres, uno real y uno falso. Aun así, ya sea real o falso, es el ego el que nos conecta con nuestra individualidad. El ego es un atributo de la conciencia. El *Vedanta* define el ego real como la individualidad del ser espiritual eterno. El ego falso, afirma el *Vedanta*, es nuestra identificación con el cuerpo-mente —un falso yo temporal—, y con los constructos mentales y físicos que elabora para permitirnos funcionar en el mundo de la materia. Mi ego falso prefiere vivir en California porque me gusta su clima, o el océano, o las montañas, o la gente, o tal vez por el mero hecho de haber nacido allí. Mi ego falso dice: "Soy californiana". Con ese constructo mental establecido, elijo las relaciones, la ropa, los automóviles, la comida, la atención médica, el entretenimiento, todo un estilo de vida, para el concepto que tenga de lo que es un californiano y lo que se ajuste a mis conveniencias (las estadísticas de mercadeo demuestran que desarrollamos preferencias en base a nuestra ubicación/cultura). Pero ni California ni la mente-cuerpo perdurarán. Aunque lograra mantener mi identificación como californiana a lo largo de la vida, ¿seguiré siendo californiana una vez que muera mi cuerpo californiano?

Por lo tanto, identificar al yo como el cuerpo-mente es vivir una ilusión, una falsedad. Cuando un espejo de feria distorsiona el reflejo de la persona frente al mismo, no significa que la persona sea irreal. El reflejo estrambótico y retorcido que aparece en el espejo proporciona simplemente una visión imprecisa y temporal. Sin embargo, no podría haber reflejo alguno si una persona real no se colocara frente al espejo. Como expusimos en el capítulo anterior, el constructo mente-cuerpo solo puede ser animado por el verdadero yo. Y así, cuando nos alejamos del espejo, entendiendo la distorsión como tal, dejamos atrás la impresión falsamente reflejada. De manera similar, cuando el yo se da cuenta de que está viendo una distorsión, puede alejarse de la característica reflectante de la materia y percibir su verdadera forma.

Al igual que el cuerpo hecho de materia existe en conjunción con una mente material y un aparato sensorial, también el yo tiene una mente espiritual y un conjunto de sentidos espirituales. La mente-cuerpo es, después de todo, un reflejo del yo/conciencia. ¿Recuerda el cristal que refleja el color de lo que se coloca a su lado? La mente y los sentidos materiales adquieren el color —las capacidades similares—, del ser espiritual.

Por lo tanto, alejémonos del espejo que nos devuelve un reflejo distorsionado del yo. Pero afrontamos un desafío: hemos de trabajar con el falso yo para llegar al verdadero. ¡Esto significa que necesitamos un falso yo funcional que haga el trabajo necesario para descubrir el yo verdadero! Irónicamente, sin el falso yo no seríamos capaces de interactuar con el mundo y llevar a cabo el trabajo espiritual requerido para liberarnos de la materia. Parece que el ego falso es un regalo y también una mentira.

Desgraciadamente, usamos el falso yo de manera diferente. En lugar de utilizarlo para favorecer nuestra búsqueda del yo verdadero, abusamos de él en pos de la fortuna en lo temporal mediante el amor a los sentidos y sus objetos (cosas). Lo cual es similar a creer que los cristales rotos de un vaso son diamantes. Cuando durante una vida nos despertamos finalmente del sueño, tal vez porque nuestros frustrados intentos de disfrutar de la materia han alcanzado un nivel desconocido o porque nos damos de bruces con la realidad debido a algún desastre que conmociona nuestro espíritu, descubrimos entonces que los cristales que hemos acumulado son inútiles y, además, no tenemos ni idea de quiénes somos. Entonces podemos darnos cuenta de que somos diferentes de la materia con la que nos hemos rodeado —visitantes foráneos de este mundo—, pero estamos tan acostumbrados al falso yo y a los cristales (cosas) que poseemos, que no tenemos ni idea de cómo ser o hacer algo diferente.

Recobrar la libertad exige trabajo de verdad, aunque no es imposible. De hecho, el método es práctico y fácil de aplicar. Hay que sacar una espina con la ayuda de otra: necesitamos servirnos del falso yo para llegar al real. Pero tenemos que anhelar la verdad: y buscar con los ojos y el corazón de par en par. Cuando lo hagamos, se nos proporcionarán las herramientas prácticas cotidianas para desprendernos de la materia.

Hace unos años, observé que una amiga colocaba con cuidado un paquete de artículos recién comprados sobre una mesa frente a su altar, donde se encuentra su imagen sagrada de la Persona Suprema. Eso me intrigó porque soy de las que suelen dejar caer las compras en la encimera de la cocina. Sospeché que podría estar ofreciendo lo que había comprado a Dios antes de usarlo. Una de las prácticas del *bhakti* consiste en ofrecer la comida a Dios: la comida santificada en contacto con el Supremo se convierte en *prasada*, "misericordia", y el acto de ofrecer y comer *prasada* purifica el cuerpo-mente, que así se abre a la búsqueda espiritual. ¿Pero ofrecer otros artículos?

Mi amiga me explicó: "Soy la administradora de esta casa perteneciente al Supremo. ¿Por qué no mostrarle al dueño todo lo que entra en casa? El dinero viene por su gracia. Como soy su cuidadora, uso todo para cuidar mi cuerpo—sagrado cuando lo uso en servicio—, y los cuerpos de los miembros de mi familia. Quiero usar todo con la intención de servirle. Me gusta pedirle que bendiga mi uso de las cosas. De esa manera, estoy siempre prestando servicio perdiendo mi sentido de posesión".

Su respuesta me pareció adorable. Somos simplemente asistentes en este mundo. ¡Nada es realmente nuestro, ni siquiera nuestro cuerpo! La idea detrás de su ofrenda me mostró que tenía una conciencia única de este hecho y un profundo sentido de gratitud. Ahora hago lo mismo. Cuando algo entra en mi casa, lo coloco en el altar y primero se lo entrego a mi Amigo Divino con gratitud. Le agradezco en voz baja lo traído, sea lo que sea, y le pido recordar siempre por qué invertí tiempo, dinero y energía en adquirirlo: quiero servirle a él y a los demás. Mi Otro Divino es mi amigo y protector. Él me mantiene. La belleza del *bhakti* es que elimina las restricciones del miedo y la obediencia vacía y centra la atención en mi deseo de amar. Esta conciencia me ayuda a amar abierta y personalmente.

El yoga del *bhakti* describe cómo actuar desde el yo verdadero situando la Fuente en el centro de todo lo que se hace. No es un camino de negación, sino uno de expresión espiritual positiva. Podemos usar y ofrecer todo lo que hacemos (los gestos mentales no son menos poderosos que los físicos) para construir nuestra conexión con nuestra Fuente-Esencia y nuestro ser real. Hay cientos de maneras de espiritualizar la vida, y a medida que se acumulan, se convierten en una experiencia directa del ser y, al consolidar los cimientos de un estilo de vida devocional, aumentan tu conciencia amorosa de la Persona Suprema. A medida que tu sentido del yo se fortalece, comienzas a vivir como el yo.

Cuanto más intentes expresar tu yo espiritual mediante la mente-cuerpo material, más se alineará la mente-cuerpo material con la verdad de tu yo. Por lo tanto, ofrece todo – tus posesiones, talentos, relaciones, inteligencia e incluso sus apegos y dolor –, al servicio del Supremo. Lo que puedas ofrecer solo está limitado por tu imaginación y, especialmente, tu coraje.

Un aspecto positivo de alcanzar la determinación necesaria para mantener la vía yóguica es la capacidad de evaluar la naturaleza y la causa de la felicidad. Vivimos para la alegría; vivimos para la felicidad. Pero necesitamos identificar la verdadera felicidad. El verdadero ego, como recordarán, siempre es feliz: pleno de *ananda*. Sin embargo, el ego falso *busca* felicidad, siempre buscando sin encontrar nunca la felicidad duradera. El ego real es autosatisfecho; el falso ego no está satisfecho, porque se identifica con el cuerpo y la mente materiales: que son temporales y, por lo tanto, ilusorios.

Por ejemplo, podría organizar las cosas para disfrutar de una comida, ver un partido de fútbol, asistir a una obra teatral, beber una copa de vino, visitar un festival de arte, música o yoga, o cualquier cantidad de diversiones que sean de mi agrado. Algunos de mis deseos parecen no ser tóxicos; otros son moralmente degradantes o perjudiciales para la salud de la mente-cuerpo. Independientemente de ello, lo que descubro es que algunas comidas son maravillosas y otras son pésimas. Un partido de fútbol americano resultará abrumadoramente aburrido o simplemente decepcionante si mi equipo pierde, y otros serán emocionantes cuando en el último minuto de juego, el quarterback lleva el balón a la zona de anotación para marcar un 'touchdown'. Podría decir lo mismo sobre cualquier cosa que haga. La plenitud (o la escasez) de mis emociones puede durar segundos, minutos u horas pero, inevitablemente, se desvanecen. Para revivirlos (o procesarlos), comparto con amigos y conocidos, y tal vez reproduzco el evento una y otra vez en mi mente. Pero cada vez que lo reproduzco, nunca consigo experimentar la misma plenitud del sentimiento original. Por lo tanto, hago nuevos planes para buscar de nuevo alguna forma de disfrute, siempre esperando un "subidón" más sostenido. Pero incluso mientras busco la felicidad, el sufrimiento me atrapa repetidamente. Quiero disfrutar, pero hay demasiado dolor.

Como no he podido encontrar satisfacción en una experiencia individual, podría imaginar que juntando muchos de esos momentos obtendré una felicidad sostenida. Por consiguiente, voy acumulando toda una vida de experiencias vivenciales, a la espera del momento decisivo: cuando me sienta completamente feliz y siga así. Sin embargo, a medida que envejezco, descubro lo defectuoso de mi lógica. En la vejez, o según me acerco a la muerte, me atasco en la pesadilla de la certidumbre de que nada material me ha hecho inequívocamente feliz. Ante esto, bien me sumerjo en una depresión o bien continúo con lo que es una búsqueda infructuosa: la misma que he seguido durante muchas vidas. Esto continúa hasta que aprenda que ninguna experiencia mundana saciará jamás mi identidad real, como unidad de espíritu, y, consecuentemente, dirija mi atención hacia la satisfacción espiritual. Algunas personas dicen que deberíamos tolerar el sufrimiento porque es la otra cara de la moneda de la felicidad. El *bhakti* no está de acuerdo, estableciendo que la verdadera felicidad significa liberarse de todo sufrimiento.

Entonces, ¿qué es la felicidad? El *vedanta* explica que el estándar absoluto de felicidad es un gozo eterno, siempre creciente y completo. La felicidad en este mundo significa momentos de placer intercalados con aburrimiento, desilusión, tristeza y pesares. El *vedanta* no considera que los momentos pasajeros de placer sean felicidad porque tienen un final.

Aquellos que han experimentado la felicidad espiritual describen los placeres de este mundo como "infelicidad". La felicidad duradera es tan diferente de su reflejo transitorio que simplemente no hay comparación. El reflejo material de la alegría es en gran medida un agravante, debido a que sugiere pero no brinda una felicidad duradera.

El Bhakti Vedanta y los clarividentes del *bhakti* dicen que estamos motivados –consciente o inconscientemente– por el deseo de una felicidad absoluta. Es parte de nuestra naturaleza eterna, pero se nos ha presentado la manera incorrecta de lograr nuestros deseos. Aprendemos a querer *cosas* desde el momento en que nacemos –conocimiento, prestigio, poder, placer, beneficio, amor–, y se nos enseña que encontraremos estas cosas en los bienes materiales, las relaciones, la educación y la belleza. Pero ¿cuál es la raíz de nuestros deseos? ¿Queremos poseer cosas o ser felices? Los dos no son sinónimos. ¿Dónde encuentro la felicidad?

Es necesario desarmar al ego falso, esa voz que susurra implacablemente en nuestro oído que hemos descubierto algo grande, aquí y ahora, en el campo de la materia inerte que se expande constantemente. Esa voz que promete falsedades está ofreciendo dinero falso o un cheque diferido de una cuenta sin fondos.

El ego falso no es, en realidad, más que una voz en la cabeza, así que tenemos la capacidad de responderle y, en última instancia, desprendernos diestramente de él. Nosotros, el yo real, elegimos si permanecer o no infelizmente en la ilusión. Aquellos de ustedes que vieron *The Matrix* recordarán que el buscador Neo se da cuenta de que lo que él y los que le rodean habían tomado por la realidad, no era más que una simulación. A Neo se le ofrece la opción: elegir la píldora roja o la píldora azul, la realidad o la ilusión. Nosotros también vivimos en una simulación. La nuestra es una creación propia.

Es posible abandonar el falso yo en apenas un segundo si tu deseo es lo suficientemente fuerte y tu verdadera voz lo suficientemente destacada. Tendrás que sintonizar el entendimiento de ambos entes internos y, con perseverancia, orientarte hacia el gozoso ser espiritual que realmente eres. Tú puedes al igual que Vyasa, gracias a la misericordia, *kripa*, del Supremo, recibir ojos espirituales. Observa a través de esos ojos y percibe finalmente tu ser, a los demás y al mundo verdadero.

Capítulo 5

El pequeño "mi" y el gran "Yo"

El filósofo y psicólogo estadounidense William James identifica dos entes, un *mi* y un *Yo*. En la *Gita*, Krishna dice que el "mí" es una identidad que surge de una configuración particular de la materia —la interfaz mente-cuerpo—, que dura solo mientras dura el cuerpo, luego desaparece. El "Yo" es eterno.

Cuando nos identificamos con la mente-cuerpo, reclamamos cosas en relación con la mente-cuerpo como "mías". Este sentimiento de posesión nos agobia y nos arrastra hacia la vida de los objetos transitorios de este mundo. "Mí" y "mío" generalmente se refieren al ego falso. Si tú deseas espiritualizar tu "mí" y lo "mío", reflexiona sobre si estás usando esas palabras para referirte al ser verdadero o a la mente-cuerpo. Esta breve autorreflexión es un gran paso para iniciar el viaje hacia el ser.

Las palabras que usamos nos influyen. El dicho favorito de una amiga es: "No te adueñes de tu enfermedad". Cuando tuve cáncer, me insistió en que no lo llamara "mi cáncer". A lo largo de los años y a través de una serie de enfermedades, he desarrollado el hábito de referirme a las partes de mi cuerpo como "el estómago", "la cabeza", "la mano", "el pensamiento", "las emociones", con la intención de permanecer consciente de que no soy ninguno de estos órganos o ideas corporales. Quizás tienes tu propia manera de recordar la diferencia entre el falso yo y el gran Yo luminoso.

Esto es importante. Al vivir dentro de los constructos errados creados por el ego falso, perdemos la oportunidad del amor verdadero y perdurable. En cambio, codiciamos posesiones y filosofías que apoyan una identidad que cambia con el tiempo, lugar y persona. La defensa de todas estas modificaciones siempre nuevas del yo enloquece la mente y endurece el corazón. Al defender estos falsos entes, infligimos un daño intencional o inadvertido a otros; a menudo especialmente a quienes esperamos amar. Algunos de nosotros estamos preparados para defendernos en circunstancias extremas, ya sea acabar con relaciones o con personas o con nuestro planeta con el fin de proteger: mis ideas, mis cosas, mi país, mi gente, mis deseos, mi religión, mi... llena como gustes el espacio en blanco. Sin embargo, todo lo enumerado es externo al ser inmutable.

Y al final ese pequeño mi no nos da alegría. Sencillamente no se encuentra la felicidad en amar lo que está muriendo, lo que está muerto o lo temporal, o –y esto de manera especial– aquello que está centrado en mi propia identidad. Cuando nuestra vida gira en torno a la constante charla mental que origina todos los "míos", podemos esperar infelicidad.

Digamos que te encanta tu automóvil, un vehículo bien hecho que conduces sin problemas. Su interior se adapta a tu gusto y sus características especiales responden a tus necesidades.

Quizás estuviste ahorrando mucho tiempo para adquirirlo. Quizás sea el mejor auto que hayas tenido. Lo mantienes en perfectas condiciones.

Entonces, ¿qué piensas cuando recuerdas el auto? Ese es mi auto. Y con esa palabra de dos letras, mi, proyectas tu yo trascendente sobre un conjunto de metal, caucho y plástico. Debido a esto, sientes un dolor real cuando alguien raya el auto o abolla el parachoques trasero. Se produce una reacción visceral cuando el automóvil se estropea en un accidente, aunque nuestro cuerpo no sufra daños. Es posible que incluso enfermemos del estómago, tengamos dolor de cabeza, nos enojemos, suframos un ataque de pánico o desarrollemos una dolencia por estrés que ningún médico sea capaz de diagnosticar. Surgen respuestas físicas y emocionales muy reales porque estamos apegados a la característica de ser "mío" del automóvil: un objeto que centra la atención de nuestro yo real y amoroso.

Esa materia inerte cuya única finalidad era la de convertirse en una herramienta para tu conveniencia se ha convertido en una extensión de ti mismo. Cualquier persona que haya tenido un automóvil sabe cuán poca felicidad duradera puede brindar un automóvil.

Por supuesto, es natural experimentar sentimientos de pérdida cuando nos quedamos sin algo que estamos usando. Pero, cuando percibimos claramente con los ojos del ser, es posible mitigar una gran cantidad de miseria—la pérdida es inevitable en un mundo temporal, donde perdemos cosas, amigos y familiares en este lugar siempre cambiante—, al diferenciar el ser del mundo. Aunque podría afirmarse que esto es solo un ajuste mental, y lo es, se trata de una perspectiva que puede reducir el duelo de la pérdida de manera significativa. Y cuando el ajuste mental nos conduce hacia la verdad, entonces estamos listos para más verdad.

Nuestros pequeños "míos" son los que nos causan problemas a nosotros mismos y a los demás, y que están en la raíz de la existencia material. Estamos en desacuerdo con (o simplemente anhelamos) los "míos" de los demás. Mis "míos" están en conflicto con tus "míos", lo que provoca desacuerdos y todas las diferencias raciales, culturales y familiares que cada cual experimenta. La mayoría de nosotros somos capaces de negociar nuestros "míos" con algunas personas: lo suficiente para recomponer tentativamente algunas relaciones, tal vez incluso las relativamente buenas. Desafortunadamente, estos remiendos son como el viento en un bosque de bambú: el viento sopla inevitablemente y los bambúes se rozan y crean fricción. La fricción conduce al fuego, y el fuego a la separación y la pérdida.

Lograr una paz duradera o incluso un acuerdo entre dos personas resulta muy difícil, y es aún más difícil tratar lo mismo entre los miles de millones de personas con quienes compartimos el mundo. Pero los problemas fruto de la envidia, el odio, la guerra y la violencia cometidos entre amigos, debidos a enemigos, dentro de las familias, comunidades y naciones van en contra de nuestro entendimiento de que, en lo más hondo de la realidad, debe haber unidad.

Además de la abrumadora diversidad de los siete mil millones de "mis" inducidos a explotar la naturaleza y a los demás, ninguno de nosotros actúa así inducido una única vez. Nuestros deseos nunca se sacian, y esas necesidades nos obligan a explotar repetidamente a los demás en la medida en que nuestro apetito insaciable nos impulsa a acumular cosas, relaciones, sentimientos y experiencias.

El acto de apropiarnos de las cosas en nombre de nuestros "míos" nos involucra en un ciclo de violencia. Apoderarse de más de lo que necesitamos significa que otros no podrán recibir lo suyo: ni tan siquiera las necesidades básicas como comida, agua y refugio. A medida que explotamos el medio ambiente y al prójimo incurrimos en una deuda kármica. El hecho de ser conscientes del coste kármico de nuestro comportamiento no parece ayudarnos a dominar nuestros deseos. El conocimiento mundano, aun queriendo liberarnos, no es suficiente para permitirnos romper el ciclo. Se exige una acción espiritual (no solo una buena acción, sino una acción moral) basada en el conocimiento espiritual. Necesitamos conocimientos que han sido probados a través del tiempo, así como también la misericordia del Supremo.

Es lamentable que este mundo esté construido sobre la realidad de que "un ser vivo es alimento de otro". Ya sea que abusemos en respuesta a las necesidades del cuerpo o para satisfacer un deseo interno de felicidad, tenemos que reembolsar lo que hemos tomado; si usurpamos algo, lo debemos. La naturaleza *recaudará* su parte. No importa cuán política y ecológicamente correctos intentemos ser, cuán psicológicamente equilibrados y bien ajustados seamos, cuánto honremos a otras personas y a la naturaleza: ¡ya sea que tomemos mucho o poco, tenemos una deuda!

Los sabios dicen: "Aléjate de tus 'míos' y localiza tu gran Yo. Deja que la conciencia se eleve, expanda y manifieste completamente su poder".

La conciencia es generosa, no abusa, porque es una unidad de *sat-chit-ananda*: ser, conocer y amar. La conciencia puede dar ilimitadamente. El ser que se ha despertado se desprende de los falsos "míos" del ser irreal y trata de evitar que dichos "míos" definan al ser real, restringiendo así sus posibilidades inherentes.

Hay un modo de actuar en el mundo que detendrá el carrusel giratorio del karma, nos apartará de la materia y nos elevará al amor de Dios. Cuando actuamos exclusivamente en una relación generosa con nuestra Fuente Divina, él nos eleva por encima del carrusel del karma con la misma facilidad que un padre levanta al niño que, exhausto por la alegría de tanto girar, levanta los brazos: "En brazos, por favor". Y con la misma facilidad somos sacados del ser-irreal.

Mirando por encima del horizonte

*Solo cuando despiertas
te das cuenta de que estabas soñando.*
　　　　　　　　JOHN WAREHAM

*La claridad mental también
significa claridad de la pasión;
es por eso que una mente grande y clara
ama ardientemente
y ve claramente lo que ama.*
　　　　　　　　BLAISE PASCAL

Capítulo 6

Realidad virtual

sri-bhagavan uvaca
urdhva-mulam adhah-shakham
ashvattham prahur avyayam
chandamsi yasya parnani
yas tam veda sa veda-vit

El Ser Supremo habló: Se dice que hay un árbol baniano imperecedero que tiene sus raíces hacia arriba y sus ramas hacia abajo y cuyas hojas son los sonidos védicos.
Quien conoce este árbol es el conocedor de todo (los Vedas).

— *Gita* 15.1

Hay un árbol al borde de un lago que se refleja en el agua. Ese reflejo es una imagen idéntica del árbol, pero está al revés, con las raíces hacia arriba y las ramas hacia abajo. El árbol baniano mencionado en el texto de la *Gita* simboliza el mundo material, que es un reflejo distorsionado del mundo espiritual. Si examinamos cuidadosamente las implicaciones de este ejemplo, podremos decodificar la diferencia entre la materia y el espíritu: el ser y el no-ser, la conciencia y la materia, el amor ordinario y el amor sabio.

Dije que el reflejo sobre el agua era una imagen idéntica, pero sabemos por experiencia que es raro encontrar un reflejo sobre el agua sin perturbación. Por el contrario, cualquier minúsculo movimiento del agua hará que el reflejo pierda sus bordes, oscile y se distorsione, convirtiéndose en una representación tergiversada del árbol en la orilla. Las ramas, frutos, flores y hojas del reflejo pueden distorsionarse, pero existen porque son partes genuinas del árbol original.

Cualquier cosa que exista en este mundo tiene su origen en el mundo de la conciencia—un mundo más allá del tiempo y del espacio—, que está lleno de una variedad de nombres, formas, actividades y cualidades, todos los cuales son eternos y plenos de conocimiento y dicha: la naturaleza de la conciencia (*sat, chit* y *ananda*). El mundo material reflejado es un lugar temporal de incertidumbre y sufrimiento (*asat, achit* y *nirananda*). Las características de este mundo están en contraposición exacta con las del mundo espiritual: un lugar que nuestros sentidos espirituales perciben con la misma intensidad que se percibe lo físico, tal como nuestros sentidos mundanos perciben el mundo de la materia.

El reflejo de los árboles o de cualquier otra cosa es temporal. En el lenguaje védico, las cosas temporales se consideran "ilusorias". El *Bhagavata* dice que nuestra experiencia de la encarnación en el mundo material es temporal, y por lo tanto ilusoria; es bastante similar a la realidad virtual de la experiencia de Neo.

La mente-cuerpo, como hemos oído anteriormente, es el aparato que nos permite interactuar con el mundo reflejado de la realidad virtual. Aunque creemos que los acontecimientos nos están sucediendo a nosotros y a nuestro alrededor, en realidad no le está sucediendo nada al yo y nada lo está cambiando.

Si nos equipamos con un casco de realidad virtual y un traje especial de cuerpo entero y nos conectamos a un mundo de juegos virtuales en 3D, perderemos la capacidad de diferenciar entre sueño y realidad, así como nuestra relación con ambas cosas. Experimentaremos emociones y proporcionaremos respuestas viscerales a estímulos programados al estar plenamente absortos en la retroalimentación visual, auditiva y cenestésica. Nos sentiremos, según el mundo ilusorio al que hayamos elegido entrar, preocupados o entusiasmados, tristes o extasiados y, en respuesta, aguantamos la respiración, reímos o gritamos. La reproducción nos induce a creer en la ilusión tan pronto como elegimos identificarnos con ella. Sin embargo, ese mundo de fantasía no tiene poder *real* sobre nosotros. Más bien, somos nosotros quienes permitimos el control de la fantasía.

El mundo físico de los objetos, así como nuestros sentidos y mente, se convierten en la paleta de color con la que pintamos nuestro "avatar" temporal en la vida. Incluso cuando nos quitamos el traje de nuestro mundo de juegos en 3D, mantenemos uno o más avatares en la vida "despierta": las identidades que el ego falso ha evocado. Estos avatares no tienen más importancia que la personalidad que asumimos en el juego, aunque duran más tiempo. El juego refleja la metafísica: podemos elegir entre seguir conectados a la realidad virtual de la materia o desconectarnos y situarnos en la realidad auténtica del espíritu.

Es una verdad ontológica que el yo es un producto de la naturaleza y de aquello que elegimos nutrir. Podemos elegir un entorno material o espiritual y, según lo que elijamos, así resultaremos nutridos. Y nos desarrollamos consecuentemente. El ser conectado a la materia crea un cuerpo, actividades y relaciones materiales con amigos y familiares. El mismo ser relacionado con el espíritu crea un cuerpo, actividades y relaciones espirituales con amigos y familiares, centrándolo todo en el Supremo. El yo real se despierta y puede tomar decisiones espirituales, y entrar en la vida en el mundo de la conciencia, en contacto con la influencia del *bhakti*.

Aunque el yo/conciencia es espíritu puro, al relacionarse estrechamente con la materia se vuelve *cuasi*-material, casi muerto para consigo mismo. Para revertir esta situación, me sitúo en un entorno espiritual y luego me nutro en compañía de personas que comparten mi objetivo de búsqueda de la verdad. Me empeño en el *bhakti* yoga absorbiéndome en las prácticas espirituales diarias, enriqueciendo la atención plena con el corazón. Mediante la compañía y el cultivo, puedo despertar mi ser real y permanecer activa en ello durante todo el día.

Del mismo modo que, de manera cíclica, el océano transfiere su energía en forma de agua a las nubes y luego se nutre a cambio de la lluvia que cae de las mismas, igualmente la realidad que elegimos (es decir, allí donde invertimos nuestra energía) nutre nuestro ser y nuestra experiencia. Cuando me mantengo en contacto con el espíritu, aumenta la inclinación a elegir el espíritu sobre la materia, lo que a su vez me ayuda a desarrollar mi naturaleza espiritual; lo que a su vez me anima a extraer mi nutrición del espíritu.

Por ejemplo, cuando me relaciono con practicantes espirituales, al ser testigo de su ejemplo y escuchar sus experiencias, aumenta el entusiasmo por mis propias prácticas. A medida que practico a diario, comienzo a tener mis propias experiencias directas, lo que me motiva aún más a continuar. Quiero pasar más tiempo con dichos practicantes y, si actúo de acuerdo con ese deseo, su buena compañía alimenta los cambios en mi estilo de vida, eliminando así lo que no es armonioso con una vida sana y espiritual. De esta manera, mis elecciones me nutren y refuerzan mi naturaleza.

Cuando vivo mi *bhakti* yoga, momento a momento, mi vida pasa de ser material a ser espiritual.

Cuando elegimos el sustento espiritual en lugar de la ilusión material, nos hacemos conscientes de nosotros mismos como seres eternos, amorosos y gozosos. Cuando elegimos el sustento material en lugar de la verdad espiritual, nos agobian las limitaciones que nos impone la mente-cuerpo, así como una necesidad insatisfecha de amor incondicional.

Existen otras limitaciones, además de nuestro desatento ensimismamiento en la realidad reflejada, que hacen que la diferenciación entre lo falso y lo real sea problemática. Por ejemplo, usamos los instrumentos de la mente-cuerpo —los sentidos, la mente, la inteligencia—, para obtener conocimiento. Dichos órganos funcionan solamente en ciertas condiciones, y dentro de ciertos límites. Las limitaciones de uno solo de nuestros órganos sensoriales nos impiden apreciar una imagen precisa y completa del mundo frente a nosotros: y mucho menos del mundo más allá de la materia.

¿Qué tipo de conocimiento nos ayudan a percibir los sentidos? ¿Qué pueden ver los ojos? Sin luz, muy poco. Nuestra visión se encuentra limitada incluso luciendo el Sol o con las luces encendidas, aunque nuestros ojos funcionen bien. Solo reconocen los colores del espectro visible y son incapaces de percibir la luz ultravioleta o infrarroja. La capacidad de percepción se encuentra restringida aunque se den las condiciones óptimas requeridas para cada uno de nuestros sentidos.

La mente, denominada en el *Vedanta* y en otros contextos el sexto sentido, tiene más poder que los demás sentidos. Pero para que la mente funcione, el cerebro (el contenedor físico de la mente) requiere una combinación acertada de neuronas, neurotransmisores, impulsos eléctricos y un caudal de otros suministros afines: sobre los cuales tenemos poco control. Si el cerebro está en buen estado, la mente y la inteligencia son capaces de clasificar, analizar, razonar y realizar todas sus demás funciones. De no estarlo−solo hemos de considerar el modo en que las personas luchan por recuperar sus facultades completas después de un derrame cerebral−, entonces la mente no puede hacer ninguna o solo algunas de estas funciones.

Y luego está el problema de que el órgano psíquico no solo analiza objetivamente: también siente. Para ser objetivos, hay que aplicar un buen grado de ponderación a la hora de evaluar la información que hemos reunido−¡mediante nuestros sentidos limitados!−, para resultar precisos. Pero no somos máquinas, por lo que la razón objetiva pura es casi imposible. La mayoría de nosotros permitimos el acceso de los datos a la mente e, instantáneamente, nos hacemos una opinión al respecto, o establecemos preferencias, o emitimos un juicio. Lo hacemos sin observar cuidadosamente lo que hemos absorbido.

Por supuesto, para sobrevivir se requieren decisiones rápidas. Lo que quiero subrayar es que nuestros sentidos limitados no pueden darnos información consistente y precisa. Es fácil apreciar cuán limitada es nuestra capacidad de conocer el mundo cuando tenemos en cuenta que, para adquirir un conocimiento completo, habría que ver, escuchar, olfatear, probar y tocar−medir y examinar, entender y analizar, así como pesar de una manera perfectamente objetiva−, todo lo que se encuentra en la inmensidad del cosmos. Y aunque pudiéramos evaluar la materia perfectamente, la *Gita* afirma que el mundo es infinitamente mutable. ¡Nunca podremos llegar al final de todo el conocimiento al respecto! Y solo estamos hablando del mundo material, que es finito en comparación con el reino espiritual.

Los sentidos limitados—esos instrumentos materiales diseñados para ayudarnos a medir la materia que acompaña a cada mente-cuerpo—, no pueden ayudarnos a percibir el espíritu, excepto por inferencia. Entonces, ¿cómo lo encontramos? Podemos comenzar razonando que las verdades que se encuentran más allá de la materia nos han de ser reveladas porque somos un ente con una conciencia dependiente, apenas una chispa de un gran fuego. No podemos exigir el acceso a los misterios del Supremo que está más allá de la realidad virtual, la que nos condiciona y cubre completamente.

En el amor, el amado o la amada revela felizmente sus secretos más íntimos. El Bhakti reconoce la identidad personal del Supremo, así como todos los derechos de respetar la identidad propia de cualquier persona, y explica que las verdades secretas se revelan cuando existe una relación amorosa.

Confundir la materia con el espíritu, o el falso yo con el real, nos ata a la realidad virtual mediante la acción kármica. Hemos hablado hasta el momento de algunas formas preliminares para poder diferenciar entre la materia y el espíritu, y entre el ser y el falso yo. Ahora comencemos a desentrañar el karma.

Capítulo 7

¿Karma incontrolable, o no?

La palabra *karma* significa «acción», «trabajo» o «hecho». Por lo tanto, aplicada al contexto, se refiere a la causa y efecto de nuestras acciones. El ciclo kármico es un ciclo de retroalimentación cerrado en el que cada acción crea una reacción que impone más acción. En otras palabras, una acción que llevo a cabo hoy (causa) dispone una experiencia o circunstancia (efecto) en el futuro. Esta influencia es perpetua y se remite a vidas futuras.

La máxima «Se cosecha lo que se siembra» es una ley cósmica según el *Vedanta*. Aunque no podemos enumerar con certeza qué reacciones provocarán las acciones, sí podemos reflexionar sobre la correlación causal con respecto a los eventos de los que somos testigos o escuchamos. Recientemente llamó mi atención el siguiente suceso: trataba sobre un cazador furtivo que apresaba ilegalmente animales en una reserva sudafricana. Los hipopótamos lo persiguieron y luego lo devoraron unos leones.

Hay muchas historias como esta que parecen ilustrar el karma en acción. Aunque la gente suele señalar: «¡Karma instantáneo!», no es realmente cierto, porque las causas y los efectos se acumulan durante toda la vida y más allá.

Esta acumulación de causas y efectos, sumada a nuestros crecientes deseos de cosas y experiencias, garantiza que recibiremos otro cuerpo después de que muramos. Debido a que todavía tenemos efectos materiales que experimentar y deseos que cumplir, necesitamos otro cuerpo material en el que experimentarlos. Por eso recibimos cuerpo tras cuerpo.

La ley del karma suministra tanto lo que merecemos como lo que deseamos. Según nuestras acciones y cómo lidiamos con sus efectos, comenzamos a configurar el próximo cuerpo incluso mientras vivimos en el actual. Nuestro próximo cuerpo será adecuado para cumplir los deseos que contemplábamos antes de morir. En nuestro nuevo cuerpo experimentaremos los efectos de las acciones que realizamos hasta la muerte en nuestra vida anterior. De esta manera, la rotación ininterrumpida del karma mantiene vinculadas todas las vidas.

Así como la luna es el agente que causa el efecto rítmico de las mareas altas y bajas del océano, así mismo el karma es el agente que proporciona un continuo coherente a lo largo de múltiples vidas. Si mato a alguien hoy pero no soy llevado ante la justicia antes de morir, ya sea mediante el sistema de justicia penal o el sistema kármico, la cuenta de lo que debo se traslada a mi próxima vida. La ley civil puede fallar, pero el karma nunca lo hace. En mi próxima vida, podría ser acusado y ahorcado «erróneamente», o sufrir de muchas otras maneras. Aunque pueda parecer inocente, no lo soy.

Una función principal del mundo material es darnos la oportunidad de cumplir nuestros deseos. Cuando adoptamos la perspectiva a largo plazo del *Vedanta*, considerando la existencia de múltiples vidas, observamos que nuestros antojos nunca disminuyen, aunque probamos todo tipo de alimentos, relaciones, actos sexuales, situaciones familiares, trabajos y entretenimientos. Hay miles de millones de personas, cada una con su programa personal impulsado por sus deseos, cada uno de los cuales se alinean favorablemente con los nuestros o interfieren con ellos. Las formas en que todos los individuos se cruzan y el flujo de sus conductas posteriores son regidos por la agencia reguladora universal llamada karma.

La cadena de causa y efecto es demasiado compleja como para establecer con certeza qué causas han creado qué efectos, o incluso qué experiencia es la causa y cuál el efecto. Pero incluso las minucias de nuestras vidas están ordenadas por el karma. En cuanto nos implicamos en el karma, avanzamos torpemente como si careciéramos de libre albedrío. Digo «como si» porque siempre tenemos libre albedrío, incluso cuando es débil en comparación con la poderosa influencia de nuestro karma.

El ciclo del karma y nuestra participación en él, graba nuestros deseos y experiencias en impresiones indelebles, llamadas *samskaras*, en la mente, la inteligencia y el ego falso para mantener un fuerte control sobre nosotros. El cuerpo psíquico es el recipiente que carga con nuestra huella kármica.

El cuerpo sutil –mente, inteligencia y ego–, nos acompaña vida tras vida y es el mecanismo que asegura la continuidad del falso yo para que podamos cumplir nuestros deseos materiales: ya que los olvidamos al morir. Cambiamos los cuerpos físicos, pero el cuerpo psíquico viaja con el yo. El cuerpo sutil carga consigo nuestros deseos, junto con los *samskaras* que dichos deseos han formado, de una vida a otra, y dictan qué tipo de cuerpo vamos a recibir. Las experiencias y las elecciones se acumulan a lo largo de la vida —una sobre otra perennemente—, cada una de ellas incrustada en el cuerpo psíquico. Estas impresiones de deseo y semillas kármicas hacen que mostremos predisposición hacia ciertas opciones «nuevas», las cuales dan forman a nuestro próximo cuerpo.

De modo que nuestro libre albedrío nunca desaparece, pero la cantidad de libertad que tenemos para ejercerlo se vuelve cada vez más limitada por las predisposiciones que desarrollamos a lo largo de múltiples vidas. Somos libres: pero a duras penas. En lugar de ser un espíritu libre, nos vemos obligados a actuar de una forma u otra: casarnos con tal persona o practicar el fútbol o la ciencia o perder la vida por culpa de las drogas. En ocasiones, nos encontramos en la situación de querer amar a alguien incluso cuando la relación no tiene sentido y nos hace sufrir. O tal vez tratamos sin éxito de romper un mal hábito que tiene un dominio absoluto sobre nosotros. Creemos que estamos eligiendo libremente, pero realmente estamos eligiendo cosas que merecemos o que hemos elegido antes: opciones a las que estamos predispuestos y con las que estamos familiarizados emocionalmente. Estos patrones arraigados forman la base de nuestro pensamiento, sentimiento y voluntad, y cierran cualquier posible apertura en el ciclo kármico.

Las impresiones desarrolladas en nuestro cuerpo psíquico son como los surcos en un disco de vinilo que predisponen a la aguja del tocadiscos a seguir un camino preestablecido y emitir un sonido pregrabado. Las canciones del álbum —las historias de nuestras vidas—, no se generan espontáneamente; suenan porque se trata de impresiones pregrabadas. Esta puede ser la razón por la cual reconocemos patrones de comportamiento habituales en la narrativa de nuestra vida que, aunque no nos sirven, parece imposible escapar de ellos. Aunque queremos liberarnos del ciclo kármico sin fin que nos envuelve, nuestras acciones presentes tienen el efecto de atarnos aún más. No hay forma de evitar esta inextricable acción: si no actuamos, no conseguiremos dinero para vivir ni alimento para comer. Debemos actuar. Después de todo, el ser es activo.

Pero el yo/conciencia es libre por naturaleza. Por lo tanto, nos incumbe buscar la libertad. La *Gita* (4.18) revela un secreto que expone esa libertad:

> *karmany akarma yah pashyed*
> *akarmani ca karma yah*
> *sa buddhiman manushyeshu*
> *sa yuktah kritsna-karma-krit*
>
> Aquel que ve la inacción en la acción y la acción en la inacción, *es inteligente entre los hombres y se halla en la posición trascendental, aunque esté dedicado a toda clase de actividades.*

"Acción en la inacción" significa que incluso si dejamos de actuar, el karma continúa. Imagina que te conviertes en un yogui famoso y renuncias a las posesiones materiales, dejas el trabajo y las amistades, abandonas el apego al cuerpo y obtienes control total sobre la mente, al menos para detener su charla incesante. Te conviertes en un superhombre que ha trascendido la humanidad, al renunciar a la necesidad de cumplir los deseos mente-cuerpo. Te mudas a una cueva de montaña en algún lugar, practicas *pranayama* y comes solo lo suficiente para sobrevivir. Te sientes bastante libre. Respiras hondo e inhalas y, junto con el nitrógeno, el oxígeno y otros gases, también inhalas una gran cantidad de microorganismos, matándolos. Enciendes un fuego para cocinar un almuerzo aparentemente inocuo de arroz hervido, y matas arañas, y quién sabe qué más, que habitan en la leña. Apropiarse de *cualquier* cosa para mantener el cuerpo requiere cierto nivel de violencia hacia los demás.

Según el *Vedanta,* cualquier violencia cometida para satisfacer nuestros propósitos personales crea una deuda kármica. Irónicamente, el mero hecho de sentarse quieto y respirar puede darte el mismo resultado que el de un despiadado magnate de negocios: la permanencia continua en el mundo material. La próxima vida del yogui puede que sea más consciente espiritualmente, pero cualquier vida condicionada por la materia tiene su desagrado y el potencial de pérdida de conciencia espiritual, así como muchos más nacimientos.

¿Cómo nos liberamos? La *Gita* menciona «inacción en la acción». Esta frase se refiere a la acción que no incurre en una reacción. En otras palabras, si aprendemos el secreto de cómo obrar enseñado en la *Bhagavad Gita,*, podemos liberarnos del dominio del karma.

La acción se considera «inactiva» cuando se espiritualiza, cuando se elimina la ponzoña material. Cuando actuamos espiritualmente, salimos fuera de las leyes de la naturaleza y no se producen efectos materiales. Nos volvemos materialmente inactivos actuando en la plataforma espiritual. Para espiritualizar la acción, se ha de actuar para el placer del Supremo, sin deseo personal. Nuestras vidas pueden parecer bastante ordinarias, llenas de una gran variedad de actividades, pero debido a que nuestra intención, enfoque y objetivo están todos dedicados al Supremo, permanecemos inactivos en la plataforma material.

Además, las acciones espirituales crean nuevas impresiones de *bhakti* en la psique. Estas impresiones espirituales puras reemplazan nuestras impresiones kármicas (borrándolas efectivamente), porque la conciencia es independiente y tiene un poder completo sobre la materia. Cuando las impresiones de vidas anteriores, y de esta vida, son suplantadas por impresiones creadas por el *bhakti* – huellas de acción, pensamiento y tratos espirituales –, el cuerpo sutil se transforma permanentemente y nuestra libertad se vive plenamente.

Cuando todos los deseos materiales son desarraigados por el deseo espiritual de servir a nuestra Fuente Divina, nuestras impresiones materiales son reemplazadas por impresiones de un amor consagrado que espiritualiza el cuerpo sutil. Prontamente, el yo material es abandonado. A estas alturas ya no necesitamos pasar por otro nacimiento, pues no hay efectos materiales persistentes o deseos de vidas actuales o pasadas. No necesitamos un cuerpo físico porque ya no tenemos hambre material. En cambio, se manifiesta un cuerpo espiritual, y es el adecuado para una vida duradera con nuestro Amigo Supremo en el mundo de la conciencia.

Capítulo 8

Karma y *lila*: Acción forzada y libertad para jugar

Por muy sinceramente que busquemos el amor, el amor plenamente satisfactorio y duradero tiende a eludirnos, dejando un vacío en el corazón. Para llenarlo, usurpamos más del mundo y de los demás y, por lo tanto, nos endeudamos más kármicamente. Mientras más tomamos, más vacíos nos sentimos. Puede sonar contradictorio, pero dar a los demás nos llena y tomar de ellos nos vacía. El acto de dar incurre en un saldo positivo en nuestra cuenta bancaria kármica; tomar nos deja endeudados.

Para que quede claro: el saldo kármico positivo sigue siendo un enredo kármico, porque nos lleva de regreso al mundo para recibir nuestra recompensa. Consecuentemente, tanto dar (bueno) como tomar (malo) resulta kármicamente enmarañado en el sentido material. Por lo tanto, el dar debe surgir del yo real y no del ego falso, y no queremos simplemente dar (bueno) sino dar espiritualmente (trascender lo bueno y lo malo). Dar espiritualmente significa dar con un propósito espiritual, para uno mismo y para el receptor. La diferencia entre estar involucrados en el enredo kármico o nuestra libertad espiritual radica en cómo actuamos considerando la sutil distinción entre lo que damos en términos materiales o espirituales. Solo hay dos energías en el mundo: la energía material que nos ata mediante el karma (justicia) y la energía espiritual que nos conecta mediante el *bhakti* (misericordia). Discutiremos las diferentes pautas del dar en el capítulo veinticinco. Pero por ahora, con el fin de estar mejor equipados para deshacernos de esta tendencia autodestructiva, vamos a considerar más a fondo cómo el acto de tomar genera endeudamiento kármico.

La maquinaria mente-cuerpo nos obliga a tomar de los demás y del medio ambiente porque nuestros cuerpos físicos y psíquicos no son autónomos. Dependemos de los demás y del medio ambiente para obtener alimentos, agua, refugio y un sentido de pertenencia. No poseemos ni tampoco podemos controlar el aire, el agua, la tierra o el sol, los cuales se combinan armoniosamente para suministrarnos alimentos. No somos dueños de las personas que vienen a nuestras vidas proporcionándonos familia y comunidad. Estas relaciones y nuestras necesidades básicas no están dentro de la mente-cuerpo. Por lo tanto, para satisfacer estas necesidades, nos vemos obligados a recurrir a fuentes externas a nosotros mismos. Desafortunadamente, a menudo ambicionamos y tomamos más de lo que requieren nuestras necesidades. Ese tipo de obtención se denomina explotación.

La apropiación puede compararse con la compra a crédito. Cuando la tarjeta de crédito alcanza su límite, cualquier dinero destinado al ocio se destina a saldar la deuda. Compramos muchas cosas y ahora las debemos. En lugar de tener tiempo libre, tenemos que trabajar para pagar la deuda, una hazaña casi imposible porque dicha deuda siempre tiene una tasa de interés exorbitante. Si bien existen formas de evitar la deuda económica, incluso aquella que supera nuestra capacidad de reembolso, no hay atajos para saldar la deuda kármica. La deuda kármica no puede consolidarse ni disminuirse declarándote en bancarrota. No podemos optar por no pagar la deuda kármica de la forma en que podemos cortar una tarjeta de crédito no solicitada. La deuda kármica aumenta implacablemente y nos persigue a todas partes. Para poner fin a la persecución kármica, no podemos recurrir al cambio de los números de teléfono, el control de las llamadas o asignar un tercero que administre la deuda. El *Vedanta* dice que estamos en la cárcel de los deudores, y las sentencias abarcan ilimitadas vidas. Nuestra sentencia no termina cuando el cuerpo actual muere; cumplimos el resto de nuestra condena en la vida siguiente: una vida en la que continuamos actuando y acumulando deudas.

¡Si elegimos el karma no hay escapatoria! Literalmente, no hay escape del karma—el sistema de justicia cósmico—, sin la misericordia de alguien que esté fuera del sistema.

Cuando vivimos sin acción consciente, perdemos lo que la vida humana nos permite: la libertad. En lugar de tener la libertad de retozar, nos vemos obligados a actuar y trabajar.

Para agravar este dilema, e incitando nuestra tendencia a la apropiación, están las necesidades existenciales genuinas del ser. Necesitamos existir, saber y amar. Estas son necesidades reales, no imaginarias, y el Bhakti Vedanta dice que debemos satisfacerlas para sentirnos plenos. El dilema, por lo tanto, consiste en saber cómo satisfacer nuestras necesidades existenciales sin que el karma nos agobie.

Debido a que confundimos el vacío existencial del ser con una necesidad de la mente-cuerpo, intentamos tranquilizarnos adquiriendo cosas materiales. No entendemos que nuestro vacío tiene la finalidad de impulsarnos hacia una búsqueda de significado. La búsqueda por el significado es, en última instancia, la búsqueda del ser y de nuestro hogar, porque somos seres conscientes que hemos venido de un mundo de significado, del universo de la conciencia. Mi destino es lograr significado y llegar al mundo del significado.

Utilizo el término "mundo de la conciencia", "universo de la conciencia", "mundo de significado" en varios lugares de *Amor sabio*, para que quede claro: el mundo de la conciencia es tanto el mundo meditativo interno del ser —algo que podemos experimentar mientras estamos físicamente encarnados—, como el universo del Supremo, más allá de los límites de la materia, el tiempo y el espacio. La geografía sagrada es diferente a la geografía material con sus demarcaciones físicas. El mundo de la conciencia trans-racional, trans-espacial y trans-temporal puede manifestarse dentro del mundo interno del ser *y* es un mundo más allá del mundo de la materia.

Por lo general, una de las primeras ideas que nos surgen cuando comenzamos a desear la liberación de la materia es esta: me veo forzado a actuar y trabajar porque tengo deseos. Si dejo de desear, no habrá ninguna razón para actuar y, por consiguiente, no crearé nuevo karma. Buda razona adicionalmente que el deseo es vacío y causa sufrimiento. Si renuncias a los deseos, no te verás obligado a actuar. Alcanza un estado de deuda cero renunciando a tus deseos, dice Buda, y allí encontrarás la paz.

Pensamos que al adquirir cosas nos sentiremos plenos. Pero

es todo lo contrario: cuando nos desapegamos de las cosas y de la idea de que las cosas nos harán felices, hallamos paz.

Por maravilloso que sea este razonamiento, hay otra experiencia del ser a descubrir. La *Gita* nos pide que consideremos lo siguiente: ¿Nos satisfará plenamente una paz libre de deudas y deseos? ¿Se satisfacen todas nuestras necesidades con la paz? ¿Existe riqueza espiritual más allá de la erradicación de la deuda material?

Consideremos los dos tipos de felicidad espiritual: paz y amor. No son exactamente la paz y el amor que conocemos en este mundo, pero nuestra experiencia de estos estados nos da una pista sobre sus posibilidades y cómo se comparan entre sí.

La mayoría de las tradiciones coinciden en que cuando nuestros deseos de complacencia material cesan, experimentamos alivio y libertad de la esclavitud material. Descansamos y, en la quietud, encontramos una paz intensa y duradera. Después de haberla perseguido durante tanto tiempo, la paz se siente profunda y placentera.

Ahora que estamos completamente descansados y liberados de la deuda material que nos ha perseguido, ¿querremos sentarnos y no hacer nada eternamente, sin conseguir nada más después de haber obtenido una libertad tan inmensa? ¿O quisiéramos alzarnos, ir por doquier y participar en las actividades que a cualquier persona le gustaría? El Bhakti Vedanta responde a esa pregunta con un rotundo sí. El ser desea ir un paso más allá de la paz para encontrar el amor divino y las posibilidades ilimitadas presentes en dicho amor.

La unión amorosa y vital con nuestra Fuente es una expresión más completa de la vida del espíritu que la paz sin contenido, que eventualmente se vuelve aburrida. Nuestro ardiente deseo actual de amor y relaciones amorosas tiene la intención de darnos pistas sobre nuestro estado existencial.

La mezcla dinámica de paz espiritual (la liberación de la deuda kármica) y amor puro (el amor sabio del bhakti) se llama lila, en sánscrito, o "juego espiritual". Después de la quietud de cero deseos, mediante el cultivo del bhakti, el lila se despliega y nos pone en movimiento nuevamente, esta vez sin el deseo de apropiarse y explotar a los demás. Nos movemos y actuamos porque queremos dar y celebrar el amor. Tal acción está más allá de la ley del karma y satisface plenamente al ser.

En resumen, comparemos rápidamente los estados de acción/no-acción:

> La acción con apego crea una deuda que nos ata al mundo material.
>
> El desapego material que surge de la búsqueda del conocimiento lleva nuestra cuenta al saldo cero de la paz eterna.
>
> La acción desapegada, amorosa e independiente dedicada al placer de nuestra Fuente Divina erradica el karma, concede un cuerpo espiritual y la riqueza del amor sabio, y otorga la entrada a la tierra del corazón en el mundo de la conciencia, y las actividades gozosas eternas que se encuentran allí.

Del mismo modo que en asuntos de dinero encontramos deuda, liberación de la deuda y riqueza, de la misma manera en la metafísica encontramos karma, paz y amor. Más allá del problemático mundo del karma y la existencia estática de la paz, el amor es un mundo en sí mismo. El amor tiene sus propias actividades. Desde ese mundo, el amor sabio desborda de los corazones del Absoluto y sus seres queridos mientras bailan juntos en amorosa devoción.

CAPÍTULO 9

Desarrollo horizontal y vertical

Da la impresión de que vivir con conciencia espiritual requiere más esfuerzo que mantener la conciencia material: hasta que nos valemos de la fuerza del vendaval de *kripa* (misericordia), la cual hace que el velero de nuestra vida espiritual se deslice hacia adelante. Construir un mástil y una botavara es un trabajo arduo, y se necesita práctica para izar la vela mayor y el aguilón y aprender a manejarlos conjuntamente. También tenemos que pasar tiempo aprendiendo a manejar el equipo de navegación, así como informarnos de las condiciones climáticas y el estado del agua.

Y navegaremos en un mar de hábitos conscientes e inconscientes—formas de pensar, formas de hacer las cosas—, que no son favorables a nuestras aspiraciones e intereses espirituales. Hemos elegido que el falso yo no siga siendo el navegador/disfrutador central de lo que el mundo tiene para ofrecer. En nuestro velero espiritual navegamos a favor del viento de nuestro compromiso de entregar, pasando de la explotación y el daño que esto causa a los demás y al medio ambiente, dispuestos a desmantelar el ego falso y navegar hacia nuestro hogar real.

Aquellos que quieran cruzar el océano material deben aprender tanto el arte como la ciencia de dicha navegación. La ciencia y el arte de dicha navegación nos enseñan que el barco espiritual se construye cuidando materialmente de nosotros (la ciencia requerida para construir y mantener la estructura) y también cuidando de nosotros espiritualmente (el arte necesario para navegar el barco). Me refiero al mantenimiento material como desarrollo horizontal y a la evolución espiritual como desarrollo vertical.

Nuestro trabajo horizontal consiste en cuidar los aspectos mentales, físicos y sociales de nuestras vidas. Nuestro crecimiento vertical requiere que nos impliquemos en una cultura espiritual que permita que emerja el verdadero ser, para dar luz a nuestras vidas.

Las necesidades horizontales o materiales son tan evidentes para la mayoría que son las que dominan nuestra atención. Es bueno, en el viaje espiritual, redirigir nuestra atención y hacer del desarrollo vertical la prioridad. Nos dedicaremos al mantenimiento de los asuntos materiales mientras mantenemos el desarrollo vertical a la vista en todo momento.

En lo referido a nuestro proyecto horizontal, satisfacemos nuestras necesidades corporales, mentales y emocionales, aceptando del mundo solo lo que realmente necesitamos para mantener saludable el cuerpo y la mente. Si nos apropiamos de demasiadas cosas, la mente-cuerpo nos controlarán. Si aceptamos muy poco, la mente y los deseos se alzarán en protesta y se volverán incontrolables. Un poco de sal hace que la comida sea sabrosa, pero demasiada la hace incomible; igualmente la cantidad correcta de complacencia sensorial afecta la mente-cuerpo. Sirviéndonos de la inteligencia podemos aprender a distinguir el yo real de los insaciables deseos de la mente, que nos dominan tal como un ancla atada al pie que nos arrastra al fondo del océano.

Mantendremos nuestro vehículo material tranquilo para que nuestro enfoque no se desvíe de nuestro proyecto vital. A medida que naveguemos por la corriente de la vida, tendremos que cuidar el velero del cuerpo. Si estamos enfermos veremos a un médico; si necesitamos compañía, buscaremos amigos o una pareja de por vida; si necesitamos dinero buscaremos trabajo; si padecemos trauma, adicción, depresión, desequilibrios emocionales o un trastorno mental, buscaremos terapia.

Mientras confeccionamos el proyecto espiritual vertical, a menudo descubriremos que nuestro arte se expresa más abundantemente si vivimos de manera sencilla. La vida sencilla ofrece tiempo, espacio y claridad mental, y reduce el estrés y la ansiedad; todo ello esencial para encontrar la determinación centrada en la práctica y el cultivo espirituales. Si abarrotamos nuestro bote con demasiados deseos de cosas y logros, éstos frenarán el bote: un exceso incluso puede hundir nuestro barco.

Lo que una persona considera sencillo puede no serlo para otra. Cada uno de nosotros tiene una disposición y un condicionamiento cultural diferentes. Puede que algunas personas sean capaces de vivir desconectados de la red eléctrica y cultivar sus propios alimentos, y otras puede que vivan en una zona residencial o en la ciudad, trabajando y comprando alimentos en una cadena de supermercados. Un requisito para la práctica espiritual es el de ser honestos acerca de dónde estamos ubicados actualmente en el mapa espiritual. Dondequiera que estemos, el principio es aceptar solo lo que necesitamos para mantener el cuerpo sano y la mente cooperativa.

Mientras navego entre las responsabilidades horizontales y verticales, permaneceré atenta a un obstáculo común: confundir el cuidado horizontal con la evolución vertical. Perder de vista esta importante distinción me hará cambiar de rumbo. Y aunque mi cálculo yerre solo un poco, el resultado cambiará significativamente. Si un piloto cambia de rumbo, aunque sea una pequeñez, mientras navega alrededor del mundo, errará el destino final. No es posible lograr una meta espiritual ejecutando actividades materiales, aunque persiga el logro trascendental, así como tampoco llegaré a Ámsterdam si desembarco en una ciudad de escala.

A modo de ejemplo: en las últimas décadas se han establecido muchos vínculos entre la psicología y la espiritualidad, tantos que hay quien piensa que ambos son sinónimos. Según el Bhakti Vedanta, la psicología se ocupa de la mente (la materia) y la espiritualidad se ocupa del ser (el espíritu). Como he tratado de demostrar de varias maneras, la materia y el espíritu no se entremezclan, por lo que esta vinculación provoca mucha confusión. Un miembro de la pareja considera al otro como algo que no es y que nunca podrá ser. Es de mucha ayuda el empleo de los términos *psicología* y *espiritualidad* con mayor precisión. Hacerlo ayudará a aclarar la relación y permitirá que ambos trabajen juntos felizmente.

La salud psicológica, por importante que sea para el viaje espiritual, no es equivalente a progreso espiritual y bienestar. Si no usamos la mente y la inteligencia sanas para disolver el ego falso y actuar en el mundo como el ser real, quiere decir que, a fin de cuentas, no estamos comprometidos en una búsqueda espiritual, ni podremos lograr la felicidad final. Un ejemplo podría ayudar.

El pensamiento positivo, las visualizaciones, las afirmaciones y el enfoque pleno de la mente en el presente trabajan con las leyes de la naturaleza y, por lo tanto, tienen eficacia para la salud mental (un estado útil para la práctica espiritual). Pero estas prácticas mentales beneficiosas no funcionan para todos porque el karma está en juego; es decir, puede que el destino no permita que estas herramientas sirvan para una persona en particular. Además, los procesos en sí mismos no son espirituales; por lo tanto, no tienen el poder de liberarnos de las leyes materiales. Si ciertos métodos pueden fallarnos en un asunto material (salud mental), también serán incapaces de cumplir sus objetivos con respecto a la plataforma espiritual.

Los vientos que elevan nuestro movimiento vertical son fruto de la participación directa en las prácticas espirituales: escuchar y meditar sobre textos espirituales sobre las formas, cualidades, nombres y actividades del Supremo; cantar los nombres del Supremo (detallado extensamente en el capítulo veintiuno); estar en contacto con viajeros de ideas afines; y escuchar a los maestros que conocen el hogar (detallado en el capítulo treinta y cuatro). Nuestra atención se centrará en estos compromisos positivos que nos permitirán entrar en una forma de ser totalmente espiritual. Cuando somos capaces de crear estos vientos favorables, progresamos rápidamente y, mediante la práctica, comenzamos a confiar en cómo atrapar esos vientos y aprovecharlos.

Capítulo 10

Fe, no creencia

Los términos *fe* y *creencia* se han vuelto casi sinónimos en las conversaciones sobre temas espirituales, pero la imprecisión es improductiva, ya que las palabras pueden generar fuertes emociones dependiendo del contexto.

The Online Etymology Dictionary (Diccionario etimológico en línea) advierte que la *fe* adquiere desde las traducciones del siglo XIV una connotación religiosa (originalmente significaba lealtad, honestidad, veracidad, compromiso, confianza), y hacia el siglo XVI la palabra *creencia* significaba "limitado a la 'aceptación mental de algo como cierto', a partir del uso religioso previo, en el sentido de cosas consideradas verdaderas como cuestión de doctrina religiosa'". En otras palabras, los términos *creencia* y *fe* no siempre han tenido un significado religioso.

Cuando alguien me sugiere que debería creer algo que no he experimentado o que lógicamente no parece ser cierto sin más, suelo resistirme o descarto la sugerencia. Por lo tanto, cuando escuché por primera vez que la fe (aunque no la creencia) era una calificación preliminar para la práctica del *bhakti*, me retraje. Luego, alguien me explicó que la fe significaba confianza elemental en los textos y la práctica, y que yo debía evaluar el valor de mi confianza en función de las experiencias que la práctica me fuera brindando. No se me pedía que creyera lo escuchado sin más; se me pedía que tuviera suficiente fe—disposición a confiar—, en la congruencia de la presentación del Bhakti para comenzar la práctica. He llegado a confiar completamente en mi experiencia del *bhakti*, basada en una tradición genuina y una práctica de limpieza del ego.

Por otro lado, la creencia se basa en la mente. Entender algo con el intelecto mediante la deducción o la escucha supone no experimentar plenamente algo o algún tema. Por ejemplo, oímos que la miel es dulce. Puede que se nos ofrezcan datos científicos sobre la miel y sus usos. El oro líquido, como algunos la llaman, tiene propiedades medicinales. Producida por las abejas, es pegajosa, comestible y amarilla. Podemos acumular todo tipo de información sobre la miel, pero hasta que la miel toque nuestras lenguas con su dulzura instantánea, no conoceremos la miel por completo. Es a través de la experiencia que podemos saber con mayor plenitud.

Como dijimos en el capítulo siete, ni la mente ni la inteligencia pueden darnos un conocimiento exhaustivo y concluyente de lo material, por no hablar del reino espiritual. Pero, la *Gita* explica que la inteligencia tiene un discernimiento más selecto que la mente o el ego falso. La mente dice: "Esto me gusta", pero la inteligencia dice: "¿Es acaso bueno para ti?". Cuando la inteligencia se usa para nuestra búsqueda espiritual, puede ayudarnos a expandir la conciencia. Si nuestra inteligencia reconoce una hipótesis bien presentada y razonada, conseguirla es razonable y deseable. Tal razonamiento enraíza nuestra fe (honestidad, confianza) y fomenta la acción. La fe evoluciona a través de la experiencia, y la experiencia se deriva de nuestras acciones. W. R. Inge, sacerdote y profesor de religión en la Universidad de Cambridge, nominado tres veces al Premio Nobel de Literatura, escribe: "La fe comienza como un experimento y termina como una experiencia".

Una manifestación temprana de fe en el *bhakti* se refiere a la confianza inteligente en el espíritu y la desconfianza en la materia. El mundo material está invadido por la duda; el mundo de la conciencia está poblado por la confianza. En el reino trascendental, todos experimentan plenamente su potencial ilimitado y se desplazan sin control eternamente. Libres de vacilación y dudas, actúan con plena fe.

La fe es la característica definitoria que nos configura a cada uno de nosotros, ya sea que elijamos una vida material o espiritual. Por ejemplo, un joven observa que aquellos que siguieron carreras relacionadas con la medicina se convirtieron en médicos dedicados a atender a los enfermos: son ricos y atraen a parejas inteligentes y de buena apariencia. Percibe cómo se comportan en el vestir y el habla. Mediante esta experiencia, tiene fe en que si él va también a la facultad de medicina y aprueba los exámenes, tendrá una vida comparable. Como este es el estilo de vida al que aspira, se matricula en la facultad de medicina con fe en su futuro.

Cada uno de nosotros se convierte en una personificación de nuestra fe, una combinación de nuestra experiencia y objetivos, que surgen de nuestra fe. Sin fe, ¿qué se puede lograr? Así como el materialista tiene fe en ciertos resultados materiales mediante la experiencia, los espiritualistas tienen fe en su experiencia del yo y su relación con el Supremo.

A veces pensamos que la fe es para las personas que no pueden pensar adecuadamente, como si la fe demostrase una ausencia de razón. Pero la fe no es una desviación de la razón sino una erradicación de la duda. Estar libres de la duda genera un coraje inquebrantable. Aquellos que poseen fe en lo sublime nos proveen de ejemplos estruendosos —si les prestamos atención—, que son superiores al ruido incesante de la cacofonía material (y a nuestras mentes). Estas personas santas nos facultan para entender nuestro potencial oculto y nos alientan a perseguir lo que es significativo para el ser.

A partir del mundo de la conciencia, la tierra de la fe, llegan textos ilustrativos y clarividentes santos. Los textos sagrados son agentes pasivos de la fe divina; las personas santas son agentes activos. Ambos provienen de la naturaleza espiritual, y ambos nutren nuestra identificación con el espíritu y nos llaman hacia el territorio confiable del corazón.

Capítulo 11

Todo el mundo ama a un místico

Los místicos, santos y clarividentes son afectuosos, no codiciosos. Son impermeables a los prejuicios, juicios, pasiones y disposiciones perniciosas de la humanidad, tales como la codicia, la lujuria, la avaricia y la ira. Encarnan el amor incondicional y la compasión debido a su experiencia de la naturaleza iluminadora del yo/conciencia. Habiendo trascendido sus debilidades humanas, enaltecen lo mejor de nuestra humanidad y demuestran que existe una realidad trascendente. Algunos dicen que las personas santas son prueba de la existencia de Dios. Tales personas ya no son humanas; son sobrehumanas y su impacto en la humanidad es sobrehumano. Pocos son los que han tenido mayor influencia que Cristo, Buda, Mahoma, Santa Teresa de Lisieux, San Francisco de Asís, Sri Chaitanya: tantos faros guía espirituales procedentes de múltiples tradiciones.

Si consideramos lo que se necesita para convertirse en santo, puede que lleguemos a la conclusión de que es algo imposible. Después de todo, somos humanos; nos quedamos cortos. Si pensamos así, permitimos que la perspectiva de nuestra súper humanidad se desvanezca en el trasfondo de nuestras vidas. Sin embargo, el no tener en cuenta nuestra súper humanidad no nos priva de nuestro potencial inherente de ser extraordinariamente sobrehumanos. Podemos activar esta característica de nosotros en cualquier momento.

Cuando reflexionamos intensamente sobre nuestra identidad, cuando reflexionamos seriamente sobre el hecho de que existimos y experimentamos y somos diferentes de la materia inerte, podemos vislumbrar lo que los místicos siempre ven: el ser inmutable, adorable y amoroso. Han alejado su mirada de los objetos de los sentidos inertes y de sus propios sentidos, mente e intelecto, y esto les ha dado la libertad de explorar el paisaje del corazón y su existencia duradera.

Algunos de nosotros estamos intrigados por la posibilidad de trascender nuestra naturaleza básica, y escuchamos un llamado: "Si hay un místico, podría haber dos. ¡Y el segundo podrías ser tú!"

En *The Spiritual Brain* (*El cerebro espiritual*), de Mario Beauregard y Denyse O'Leary, los autores describen el misticismo como "la sensación de estar en contacto con el último fundamento de la realidad, el sentido de la comunicabilidad de la experiencia, el sentido de la unidad, la experiencia de la ausencia de tiempo y espacio, y el sentido de la unión con la humanidad y el universo, así como el sentimiento de un efecto positivo, paz, alegría y amor incondicional. El resultado es una profunda transformación de la vida, que incluye compasión, amor incondicional y cambios positivos a largo plazo en actitud y comportamiento". La autora e investigadora del misticismo Evelyn Underhill también lo describe: "Misticismo... es el arte de establecer... una relación consciente con el Absoluto".

Y descubrimos que los místicos de una amplia gama de tradiciones comunican experiencias similares. Tal como escribe Kees W. Bolle en *Secrecy in Religions,* (*Secretismo en las religiones*) "Lo cierto es que tenemos demasiadas declaraciones místicas que son coherentes, los productos obvios de mentes sanas, que hablan de experiencias reales (no alucinaciones), y que no son desorientaciones de un individuo. Eso significa que estamos tratando con afirmaciones de la verdad...". Las experiencias subjetivas de los místicos ofrecen, para muchos, una prueba objetiva de la existencia y el poder del espíritu.

El poderoso hogar interno del místico está a nuestra disposición cuando decidimos hacer más que filosofar. El verdadero misticismo es activo y práctico, no pasivo y teórico. Es un proceso de vida que involucra a todo el ser. La senda de los místicos es integral. No nos quedamos en la necesidad por el hecho de seguir una dirección espiritual. *Pero,* podrías objetar, *da la impresión de que los místicos renuncian al mundo, ¡y eso es imposible y aterrador!* En realidad, lo que hacen los místicos es sustituir los pensamientos y comportamientos negativos con los espirituales. Es fácil renunciar a cualquier cosa cuando es reemplazada por algo más gozoso, valioso o saludable.

Ofréceme un rubí genuino, y sin pensarlo dos veces, te daré todas mis piedras semipreciosas sintéticas. Las personas dejan de fumar eligiendo no encender un cigarrillo y encontrando algo más positivo que hacer con sus mentes y dedos. Tanto la prohibición negativa como la acción positiva requieren acción de parte de la persona. En algunos casos, una buena información, como la advertencia general del cirujano impresa en un paquete de cigarrillos, puede ser suficiente para alentar a las personas a decidir que quieren tomar el control de sí mismas y eliminar el mal hábito de fumar, pero aun así la persona debe actuar. Tengo que vaciar mi mano de las piedras semipreciosas sintéticas para agarrar el rubí. Y cuanto más sepa sobre los rubíes—su color, claridad, tamaño, etc.—, más entusiasmo mostraré a la hora de renunciar a sus reproducciones sintéticas. De manera similar, el conocimiento y la inteligencia específica fortalecen nuestra búsqueda espiritual y estimulan la acción

La *Gita* describe que los sentidos son superiores a los objetos que perciben, la mente es superior a los sentidos y la inteligencia es superior a la mente. Superior al intelecto es el yo real. Debido a que la inteligencia se encuentra en la parte superior de la jerarquía material, está más cerca del ser. Como se señaló en el capítulo tres, la inteligencia aprende por experiencia, puede diferenciar y puede controlar la mente y los sentidos. La inteligencia tiene la capacidad de razonar que somos el ser más allá de la mente-cuerpo, así como distinguir entre materia y espíritu. Por estas razones, aprovechar su poder es clave para el proyecto espiritual. La inteligencia se fortalece y purifica al escuchar repetidamente temas espirituales.

Se requiere enfocar la inteligencia en el aprendizaje sobre el espíritu y desarrollar la fuerza y la determinación para participar en la práctica espiritual. Con una inteligencia fortalecida, podemos elegir el compromiso positivo, lo que nos da la capacidad de controlar la mente y los sentidos y extraerlos de la implacable demanda de complacencia inmediata. Silenciar los impulsos de la mente y los sentidos nos permite escuchar la voz interior. Cuando actuamos sobre esa voz interior, nos convertimos en místicos.

Los místicos completamente desarrollados han saltado desde el último escalón en la escalera de la jerarquía material, el intelecto, al reino más allá de la razón, aterrizando en el territorio del ser eterno, el conocimiento y el amor. En otras palabras, aterrizan en el mundo de la conciencia.

Podríamos preguntarnos si el entorno actual fomenta una cultura de misticismo. ¿Nuestro estilo de vida moderno nos hace receptivos al mensaje del místico? ¿Nos da la capacidad de reconocer místicos o nos anima a convertirnos en uno?

Esa capacidad se ve a menudo amortiguada porque no consideramos que el avance del yo real sea vital. A menudo es por esta razón que aceptamos más fácilmente como místicos a aquellos que son cuasi-espirituales o semirreligiosos. Estas personas no nos interpelan ni cuestionan al no-ser, sino que generalmente promueven actos piadosos (buen karma) y/o una psicología saludable, los cuales nos orientan hacia el mundo material.

Cuando adoptamos la perspectiva de que nuestro ser es nuestro principal interés en la vida, las vidas de los místicos y de los practicantes espirituales serios adquieren un significado especial. Los místicos del *bhakti* demuestran cómo podemos encontrar el secreto escondido a simple vista mediante el proceso de conectar, ya sean las minucias así como lo magnífico, con el Supremo en amor y servicio.

Los místicos se adentran en las aguas profundas de la conciencia, del paisaje interior, sin cesar. Su estilo de vida nos llama desde la comodidad de las aguas poco profundas hacia las aguas más profundas. "Únete a mí y se feliz". Descubrimos que los místicos viven a menudo sin muchas de las cosas que creemos necesarias. Ver esto nos ayuda a repensar nuestras necesidades y considerar reducir algunos de los excesos en nuestras vidas.

¿Cómo pueden los místicos renunciar a tanto y seguir siendo felices? ¿Cómo pueden vivir en el mundo sin verse afectados por él?

El misterio de la realidad es que cuanto más damos, más

tenemos y más nos acercamos a nuestra verdadera naturaleza dichosa. Los místicos viven grandiosamente al tomar menos y dar más de sí mismos, de su sabiduría, conocimiento, compasión y amor. A cambio, son recompensados con abundancia interna y ecuanimidad en el mundo.

Por el contrario, cuanto más tomamos, menos cognición espiritual tenemos, más nos montamos en las turbulentas olas de la materia y menos podemos experimentar nuestro ser y el Supremo.

Si queremos llegar a ser sobrehumanos, debemos entregarnos por completo al Ser Supremo, con quien encontraremos paz, deleite y amor sabio en nuestra completa rendición.

Capas de luminosidad

*Hay muchos caminos hacia la iluminación.
Asegúrate de tomar el que tenga corazón.*

LAO-TSU

Cuando el amor te llame, síguelo.

KHALIL GIBRAN

Capítulo 12

Un dualismo y no dualismo inconcebible

Para poder comprender qué es lo que subyace a la orientación conceptual del Bhakti, y por qué plantea la meta del amor sabio para el yo, tenemos que entrar, en algún momento, en la metafísica central de la filosofía Bhakti. En este capítulo, comienzo a tratar algunos puntos fundamentales.

Dos puntos de vista — dualismo frente a no dualismo, personalismo frente a no personalismo — forman la base de las teologías y filosofías en todos los sistemas filosóficos de la India. De hecho, cuando consideramos los sistemas filosóficos o religiosos occidentales, descubrimos también la existencia de los dos ejes: dualistas frente a no dualistas y personales frente a no personales. Dado que estas divisiones filosóficas parecen ser dominantes, considerar los sistemas originales que han argumentado estas diferencias metafísicas durante miles de años puede resultar beneficioso para nuestra investigación. También veremos cómo el bhakti armoniza e integra ambos ejes, ofreciendo una perspectiva única al mundo del pensamiento filosófico y teológico.

Dado que los lentes con los cuales elegimos observar informan nuestra relación con el mundo, el significado de nuestra vida, nuestra percepción de la realidad, nuestras razones para participar en ciertas actividades y prácticas, y nuestro objetivo final, una breve mirada a las diferencias bien merece nuestro tiempo. En este capítulo considero las premisas de cada sistema; en los dos capítulos siguientes reflexiono sobre los objetivos de cada uno.

Dualismo significa percibir una distinción entre el vidente y lo visto, el ser y el Ser Supremo. El no dualismo (literalmente, "no dos") significa verlo todo como uno.

Consideremos a los dos maestros rivales Shankara y Madhwa, y luego miremos a Sri Jiva, quien en el siglo XVI recurrió a todo el *Vedanta* para armonizar los extremos de las dos filosofías.

Shankara y Madhwa, figuras imponentes los dos de la filosofía india, coinciden en que la conciencia subyace a toda la materia, es independiente, es diferente de la materia, es irreductible y es la realidad definitiva innegable. Los dos filósofos, sin embargo, mantienen perspectivas distintas, que representan como no dualismo y dualismo respectivamente. El no dualismo presupone un espíritu no personal; el dualismo presupone un espíritu personal.

Shankara, quien consolidara en el siglo séptimo el Adwaita jñana (no dualismo o Unidad), sostuvo que no se puede negar la conciencia porque la negación de la conciencia es en sí misma un acto consciente. Debido a que la variedad es una característica de la materia, y la conciencia no es materia, la conciencia debe ser diferente de la materia y, por lo tanto, no tener variedad. Por lo tanto, la conciencia debe ser no dual o una sola.

La teoría del no dualismo afirma que no existe la otredad; no hay una segunda característica: el Supremo (Brahman) es la única realidad, ya que en cuanto hay pluralidad, la unidad ya no tiene sentido. Si hay dos personas, entonces ya no hay unidad. La existencia de la materia y el espíritu es imposible porque eso significaría dos. La existencia de seres finitos y un Ser Supremo es imposible porque eso significaría dos. Cualquier cosa que sea más de uno hace que la teoría del no dualismo colapse.

El no dualismo, incapaz de acomodar la materia y el espíritu, afirma que solo hay espíritu. (Los neo-Adwaitas modernos invierten el enfoque y proponen que solo hay materia). Según el pensamiento Adwaita, la materia debe ser una ilusión. Esta ilusión provoca una apariencia de individualidad en la conciencia. El yo en realidad es no diferente del Brahman; el ser es Supremo. En otras palabras, el yo es Dios. Cuando el yo ilusorio se vuelve uno con Brahman en la liberación, su autoconciencia cesa y se da cuenta de que es Supremo. Shankara enseña que tanto nuestra identidad como el mundo que estamos viviendo son irreales: un estado temporal de confusión, la imaginación de una mente engañada.

Madhwa, un proponente del *bhakti* y un predicador del dualismo del siglo XIII, replicó que si todo es puramente uno, entonces, ¿qué causa la aparición de una división del uno en muchas almas individuales o crea la apariencia de una ilusión? Una división solo puede ser causada por otra cosa. La ilusión es no espíritu, por lo que una apariencia de ilusión indica la participación de otro. La ilusión y la realidad hacen dos: una imposibilidad para el no dualismo. Madhwa señala que Shankara no dio cuenta de cómo el uno se divide en muchos o cómo el espíritu puede quedar bajo la ilusión. Además, dice que, dado que experimentamos la conciencia como individuos, decir que los individuos son imaginarios es negar la naturaleza y/o la existencia de la conciencia. Lo que sea revelado por la conciencia o dentro de la conciencia es real porque la conciencia es real. Por ende, el ser individual es real. Además, carece de significado un sujeto (el ser) sin un objeto (el mundo). Por lo tanto, el mundo, aunque temporal, debe ser real porque el yo es real. Donde hay conciencia, existe la posibilidad de la experiencia. El mundo es real porque lo estamos experimentando. Además, el yo tiene experiencia de sí mismo y de Brahman (la fuente del ser, que lo manifiesta).

Si la división de Brahman fuera posible, entonces la cosa o la persona que causó la división o la ilusión sería mayor que Brahman. Por lo tanto, Brahman no sería supremo. De hecho, Brahman es supremo e inmutable. Lo que crea la ilusión es la energía material de Brahman: una energía engañadora.

La filosofía del dualismo reconoce a dos: Brahman y sus energías. Las energías del Supremo son el ser individual y el mundo de la materia. Al aceptar que el Supremo tiene potencia o energías, llegamos a comprender por qué experimentamos el mundo, el ser, y el Supremo.

Sri Jiva, un Vedantista preeminente del Bhakti, pretendía una descripción más clara de la conciencia que las definiciones negativas de los *Upanishads* y los grandes maestros espirituales. Una de esas definiciones usa las palabras *neti neti*: literalmente, "esto no; aquello no". Aunque Sri Jiva no estaba en desacuerdo con Shankara o Madhwa sobre la irreductibilidad de la conciencia, quería definir la conciencia en términos de su composición *positiva*, un enfoque no contemplado en la metafísica previa.

Sri Jiva razonó que el "yo existe". Aunque se trata de una

tautología, también resulta una obviedad cuando consideramos que para que algo exista, debe tener poder. Por lo tanto, las dos palabras—*yo existe*—, se emparejan apropiadamente y hablan del *poder de la existencia*

Sri Jiva indica que la palabra *shakti*—energía o poder en el verso a continuación—, es muy significativa, porque describe el poder de la existencia del Supremo:

> *na tasya karyam karanam ca vidyate*
> *na tat-samash cabhyadhikash ca drishyate*
> *parashya shaktir vividhaiva shruyate*
> *svabhaviki jnana-bala-kriya ca*

El Supremo está naturalmente dotado de conocimiento, voluntad y acción, que actúan tan perfectamente que toda conciencia, fuerza y actividad están dirigidas únicamente por su voluntad.
—*Svetashvatara Upanishad* 6.8

El Brahman, como origen auto-manifiesto de todo, tiene múltiples energías. El mundo espiritual, el mundo material y los seres vivos (que pueblan ambos mundos) son todos energías del Brahman Supremo. Todas estas energías dependen del Supremo; no tienen existencia sin él. Como todas estas manifestaciones provienen del Absoluto y están protegidas por él, no son diferentes de él. En ese sentido, se le conoce como no dual. Sin embargo, estas energías también tienen características, funciones y poderes distintos, por lo que sus energías se perciben como diferentes de él. Por eso se le conoce como dual.

Debido a que es imposible concebir el poder (*shakti*) del Absoluto como algo diferente de él, llamamos al Absoluto uno, o no dual. Y como es igualmente imposible concebir que el *shakti* del Absoluto sea idéntico a él, decimos que el poder y el Absoluto son diferentes o duales. Unidad/diversidad, no dualismo/dualismo, unidad/diferencia, personalismo/no personalismo, inmanencia/trascendencia: todos existen simultáneamente en el corazón de la Realidad.

Por lo tanto, la unidad y la diferencia existen al mismo tiempo y no se inhabilitan entre sí, sino que coexisten armoniosamente. Estamos acostumbrados a dualidades que son contrarias a la lógica. Consideren que la luz tiene las características duales de ser una partícula y una onda, y que un punto no tiene dimensión; sin embargo, una línea, compuesta de puntos, sí tiene longitud.

Para ilustrar el concepto de similitud y diferencia simultáneas (no dualidad y dualidad) entre el Supremo y sus energías, podemos pensar en encender velas partiendo de una vela ya encendida. La primera vela original puede encender muchas otras velas. Las luces y las velas parecerán iguales —por ejemplo, tendrán el mismo poder de iluminación—, pero la vela original seguirá siendo la fuente de todas las otras luces. El *Ishopanishad* (invocación) dice:

> *om purnam adah purnam idah*
> *purnat purnam udacyate*
> *purnasya purnam adaya*
> *purnam evavashishyate*

El Todo Completo es perfecto y completo, y debido a que él es completamente perfecto, todo lo que emana de él, como este mundo fenoménico, está perfectamente equipado como un todo completo. Todo lo que se produce del todo completo también está completo en sí mismo. Debido a que él es el Todo Completo, a pesar de que tantas unidades completas emanan de él, él sigue siendo el equilibrio completo.

El Todo Completo puede definirse como esa Realidad inclusiva en la que todos los extremos contradictorios se encuentran y se reconcilian o armonizan.

Muchas personas me han dicho que sienten que el espíritu

no debe ser dual porque las características opuestas de la dualidad en este mundo—bueno/malo, mujeres/hombres, negro (raza)/ blanco (raza), amigo/enemigo, amor/odio, maestro/sirviente—, son la antítesis de la unidad que debe estar presente en el espíritu.

¡En el *bhakti*, vamos más allá de la dualidad/no dualidad material, así como también de la dualidad/no dualidad espiritual! La Conciencia automanifiesta y no dual que existe sin par, que no necesita derivar el poder de alguna otra parte y que puede armonizar todos los elementos opuestos, es, de manera inconcebible, simultáneamente una y diferente.

Sri Jiva explica que, en todas partes del Vedanta, se describe que el Absoluto posee tres características: *sat-chit-ananda*, que tienen las siguientes manifestaciones correspondientes:

Brahman (*sat*), Unidad no personal.

Paramatma (*chit*), la Superalma omnisciente, que es la compañera personal de cada alma individual.

Bhagavan (*ananda*), la Persona Suprema.

> *vadanti tat tattva-vidas*
> *tattvam yaj jnanam advayam*
> *brahmeti paramatmeti*
> *bhagavan iti sabdyate*

Los trascendentalistas entendidos que conocen la Verdad Absoluta llaman a esta sustancia no dual Brahman, Paramatma o Bhagavan.
— *Bhagavata Purana* 1.2.11

En el prólogo escuchamos que Vyasa, en su meditación madura, vio estos tres rasgos distintivos del Absoluto: el no personal, la Superalma y la forma personal del Supremo.

Por definición, la realidad última debe incluir necesariamente todas las posibilidades: debe incluir y conciliar la dualidad y la no dualidad; personalismo y no personalismo. De no ser así, la Realidad última sería solo una realidad parcial. Por lo tanto, el Supremo incluye características duales y no duales simultáneamente.

Podríamos considerar además la posibilidad de que para que exista el amor, que se nos ha definido como la máxima expresión de la conciencia, debe haber más de uno. El amor requiere dos, y en el amor hay unidad y diversidad. La armonización de tales opuestos solo es posible en el ámbito de la conciencia, donde el amor puede acomodar a todos. Esta paradoja se resuelve gracias a la naturaleza inconcebible (*achintya-shaktî*) de la Conciencia Suprema, para quien nada es imposible.

Sri Jiva armonizó con esta visión los extremos del dualismo puro de Madhwa y el no dualismo absoluto de Shankara y cambió el horizonte filosófico de la India con su visión unificadora de la naturaleza de la Realidad.

Llegado este punto, Sri Jiva va un paso más allá. Para explicar la naturaleza inconcebible del Supremo, que mantiene unido el misterio del dualismo simultáneo y el no dualismo, que es tanto personal como no personal, razona que lo que existe no solamente tiene poder sino que ha de actuar, o hacer que se haga algo con ese poder. Energía significa la capacidad de obrar. ¿Qué hace y origina el Supremo?

¿Recuerdan que cuando expuse las tres características del yo/conciencia en el capítulo dos, demostré que amar incluye ser y saber? El mismo principio se aplica al macrocosmos de la Conciencia: Brahman [*sat*], Paramatma [*chit*], Bhagavan [*ananda*].

Ser (*sat*) and saber (*chit*) son estáticos o pasivos. Solo amar (*ananda*) dinámico y activo. El amor hace. El amor provoca movimiento entre los individuos a través de los intercambios de dar y recibir.

La característica *ananda* del Ser Supremo es el receptáculo del amor y hace que se manifiesten todas las variedades de amor. Debido a que el amor requiere dos y debe intercambiarse entre individuos, esta manifestación del Absoluto necesariamente debe ser una persona. La Persona Suprema ama y causa el amor, y todo su movimiento dinámico, en un mundo de amor. Hacer, causar y sentir el amor sabio armoniza la unidad (unidad/no dualismo) y la diversidad (individualidad/dualismo). En el amor, dos personas se refieren a sí mismas como "nosotros". En lo metafísico, el alma y el Amado Supremo son uno en corazón e intención a través del amor.

Los muchos amantes del Supremo son también uno en propósito y corazón entre ellos. Todos quieren complacer al mismo Amado. Y la Persona Suprema es una con los intereses de aquellos a quienes ama. Los círculos concéntricos de amantes que orbitan su Centro orquestan una danza de amor. Y el Amado corresponde a cada persona por completo. Por lo tanto, si bien existe una multiplicidad ilimitada en la esfera espiritual, también existe una completa unidad.

Capítulo 13

¿Cuál es tu ideal?

Cuál elegirías: ¿existir para amar o amar para existir?

Para el buscador espiritual serio, esta pregunta metafísica no es una paradoja sin sentido ni una reflexión irrelevante. Cuando elegimos un camino, debemos ser conscientes de la meta disponible a través de la práctica que emprendemos.

Estos dos estados del ser—existir para amar, y amar para existir—, son los objetivos finales de los seguidores del Bhakti y del Adwaita, respectivamente.

En conjunto, Bhakti y Adwaita afirman contar con 900 millones de seguidores, la tercera religión más grande del mundo (después del Cristianismo y el Islam). También podemos indicar que el sistema *Vedanta* es el análisis de la conciencia más antiguo y exhaustivo. Comparemos rápidamente sus objetivos respectivos y en qué se basan sus tradiciones.

Tanto las escuela Adwaita como la escuela Bhakti se basan en los *Vedanta Sutras*. Los fundadores de las escuelas de filosofía vedántica – Shankara, Ramanuja, Vallabha, Vishnuswami, Madhwa y Nimbarka – han escrito comentarios sobre los autoritativos *Vedanta Sutras* a lo largo de los milenios, para establecer su doctrina y puntos de vista sobre la realidad. Dentro de la órbita del Vedanta, la doctrina de Shankara plantea la perspectiva Adwaita, y las otras se basan en las cosmovisiones del Bhakti.

Como dato a tener en cuenta, para muchos familiarizados con el pensamiento indio, la Unidad no personal (Adwaita) parece ser el ejemplo paradigmático de la espiritualidad hindú y la mayor contribución al pensamiento occidental en los últimos cien años. Sin embargo, la Unidad no es la única filosofía perenne del *Vedanta*, ni es la perspectiva Adwaita la conclusión principal del *Vedanta*.

Amar para existir es el estado último del ser para los seguidores del camino Adwaita. Después de la muerte, el alma que ha alcanzado la perfección de la práctica espiritual abandona la individualidad por la Unidad y encuentra la paz eterna. La liberación se logra tras muchas vidas de práctica y mediante la estricta observancia del celibato y la austeridad.

La sabiduría de esta escuela dice que sufrimos porque nos hemos olvidado de que no somos diferentes de la Unidad: tanto nuestro individualismo como el mundo son fragmentos de nuestra imaginación. Cuando personificamos completamente esta comprensión, extinguimos la individualidad en la Unidad. Amar para existir, entonces, es elegir vivir dentro de la paz interna de la Unidad, sin rasgos distintivos, sin contenido.

Existir para amar es el estado último de ser del camino del Bhakti. El estado del ser perfeccionado se puede lograr incluso antes de la muerte del cuerpo. En otras palabras, no hay que morir para alcanzar la liberación, ni es preciso convertirse en célibe o asceta para seguir el camino, y la perfección puede lograrse en una vida.

Se vive cambiando el enfoque del cuerpo, la mente y las palabras del egoísmo a un servicio dedicado y amoroso a nuestra Fuente Divina. Se practica la plenitud del amor sabio en todas las relaciones, buscando amar incondicionalmente. Tras la muerte del cuerpo, el ser entra en el *lila* de paz y amor del Supremo como sirviente, amigo, padre/superior o amante.

Los profundos tratados del *bhakti* revelan la doctrina divina del amor basada firmemente en la filosofía. Cuando hablamos de amor sabio, no nos estamos refiriendo a una definición pobremente caracterizada del amor puro e incondicional. El amor sabio va más allá de lo racional, pero está firmemente arraigado en la profunda filosofía y teología de los textos antiguos, así como por clarividentes y sabios realizados.

Las singulares y sublimes ideas de los textos sobre el Bhakti nos introducen en el audaz concepto, no revelado en ningún otro lugar, de que el yo puede lograr una relación íntima con Dios como siervo, amigo, padre o amante. ¡Imagínense, aunque solo sea por un momento, mirar a su Divino Otro a los ojos y conversar o bromear con él en una de estas disposiciones íntimas y personales! Esta es la promesa que nos hace el Bhakti.

En el mundo de la conciencia, todos participan en una variedad ilimitada de actividades para el placer del Supremo. Estas actividades impregnan la atmósfera de gozoso agradecimiento, gratitud y satisfacción. Existir para amar es la expresión completa de la individualidad (como se indicó en el capítulo dos) para el yo que viene a vivir con una variedad infinita, nutrido por las posibilidades siempre en aumento del entorno espiritual.

Capítulo 14

La vida después de la iluminación

La iluminación es, en el Bhakti, el estado de conocer al ser y encontrar la plataforma positiva de interacción más allá de los límites del tiempo. Algunos dicen que la liberación se alcanza después de la muerte. Otros explican que la liberación es el fin de toda acción mental y física. Para algunos buscadores espirituales, "la vida después de la iluminación" es más que un contrasentido; es un absurdo. En el budismo, por ejemplo, los practicantes sobresalientes dejan de existir. En la filosofía Adwaita, el ser entra en la Unidad, y su individualidad deja de existir. En ambos casos, dado que no hay actividad después de la liberación, ¿qué vida hay después de la muerte?

Según el camino del Bhakti, después de la iluminación nos espera una vida vigorosa, y no tenemos que morir para experimentarla. En el capítulo ocho describí cómo la geografía sagrada no está limitada por el tiempo o el espacio y puede ser experimentada en el corazón. Podemos experimentar el vibrante mundo de la conciencia incluso mientras estamos encarnados, como exponen Vyasa, Shuka y Parikshit. El método de estas grandes almas para alcanzar la liberación era la forma de Bhakti: meditar sobre las formas, características, nombres, cualidades y actividades específicas de la Persona Suprema y cantar o hablar sobre ellas (kirtan). Todo lo relacionado con el Ser Supremo es conciencia/espíritu, y cuando lo tocamos, nos re espiritualizamos.

El místico y filósofo ruso del siglo XIX Vladimir Solovyov está de acuerdo con el *Bhagavata,* cuando afirma que si deseamos deliberar o meditar sobre temas teológicos, no podemos eliminar todas las características distintivas del Absoluto. Para comprender el argumento, trata solamente de no pensar en nada durante cinco minutos y luego intenta pensar en alguien que amas. ¿Qué es más fácil? ¿Puedes realmente fijar la mente en nada? ¿Por cuánto tiempo? Si negamos las características del Supremo, escribe Solovyov, llegamos al mínimo de contenido espiritual. Una forma tan abstracta de espiritualidad sin importar como se llame, razona Solovyov, conduce finalmente al nihilismo y al ateísmo. Además, Solovyov nos pide que consideremos que el objetivo de comprender al Supremo no es un mínimo, sino un máximo de contenido positivo. Cuanto más rica, más viva y más concreta es una teología, más contenido tiene para el pensamiento y la meditación.

He escuchado que algunas personas expresan su preocupación de que afirmar que el Supremo tiene características únicas o específicas creará una perspectiva sectaria del Absoluto porque dichas características parecerán pertenecer a una determinada cultura. Otros dudan que el contenido rico y positivo pueda ser espiritual, porque piensan que el espíritu es lo opuesto a la materia. Al no poder comprender completamente ni siquiera la materia, no podemos determinar cuál es su opuesto. Pero, según ese razonamiento, dado que la materia es rica en una variedad de nombres y formas (contenido positivo), los nombres y las formas deben ser materiales, y dado que el espíritu es lo opuesto a la materia, no puede tener nombres y formas.

Para abordar estas dudas, podemos volver al ejemplo anterior en el capítulo seis del árbol baniano en la orilla de un río, que representa la relación entre la materia y el espíritu. En el mundo material existen nombres y formas porque estos existen en el mundo original. Así como la materia acepta formas constituidas por sí misma, de igual manera la conciencia—que propicia que la materia manifieste formas y nombres—, se expresa en formas y nombres, así como en lugares y actividades. Dado que la conciencia tiene la capacidad de crear nombres y formas aquí, tiene más—no menos—capacidad de producir nombres y formas en su propio mundo. La sentencia de William Cowper: "La variedad es la especia de la vida, la que le da todo su sabor", es una verdad en el mundo material y espiritual. El Supremo está más allá de las designaciones de este mundo y sus diversas culturas, que son reflejos distorsionados del espíritu.

Como la materia es inerte y empobrecida, los nombres que denotan una forma son poco representativos de la esencia a la que aluden. Sin embargo, los nombres y formas espirituales están vivos con la conciencia a la que se refieren. Los nombres no denotan simplemente una cosa o persona; los nombres son idénticos a aquello que se nombra, por lo que están repletos de poder espiritual (más sobre esto en el capítulo veinte). Del mismo modo, la forma espiritual del ser no es diferente del ser. Nuestra alma es diferente de nuestro cuerpo en este mundo; en el mundo espiritual, el alma es el cuerpo y el cuerpo, el alma. *El amor toma forma*. Allí, el yo se expresa en una forma compuesta de amor, una forma adecuada para expresar los sentimientos más íntimos hacia el Supremo como sirviente, amigo, padre o amante.

Como todo lo que hay aquí en el mundo físico está compuesto de materia, todo lo existente –los animales, los árboles, las plantas, los pájaros, las nubes, los edificios, la tierra y, literalmente, *todo*–, es conciencia en el mundo espiritual. Consideremos las implicaciones de este sorprendente concepto.

Todo lo animado e inanimado del mundo espiritual es un individuo consciente que ha elegido una forma particular para prestar un servicio preferido a su Amado. En el mundo de la conciencia, ni el suelo ni las nubes ni el cielo son sustancias inanimadas e inertes; cada uno de estos aspectos es una unidad de conciencia: un alma. Y debido a que estas almas residen en el mundo eterno, no son almas comunes y corrientes. Son almas dignas, completamente unidas al Supremo en un amor sin adulterar e inmotivado. Su amor sabio es tan incluyente que su forma se ha manifestado a partir de dicho amor y todas sus actividades están animadas por él.

Los textos Bhakti Vedanta revelan cómo es este fenómeno. En pleno calor del verano, las nubes se esparcen formando un paraguas con sus cuerpos para dar sombra a su amigo Krishna. No dejan caer lluvia: lloran lágrimas de afecto dichoso. Los ríos, deseosos de ofrecer flores a su amigo, modifican sus corrientes para provocar remolinos, arrastrando con ellos las flores cuando la Persona Suprema entra en la corriente. Los árboles y enredaderas, pródigos de frutas y flores, se inclinan para mostrar sus respetos. También hacen llover su savia en cualquier época del año. Las abejas, tal como grandes sabios, adoran a Krishna cantando alegremente y lo siguen a donde quiera que vaya. Los pájaros cierran los ojos y callan cuando Krishna toca su flauta. Adoran a su amigo concentrando su conciencia sobre él en meditación. Las palabras de los residentes humanos, dotados de magníficas virtudes, son canciones; cada uno de sus pasos es una danza. Allí, el Absoluto juega, y el amor irradia con un brillo infinito sin siquiera un rastro de contaminación material.

※

Al final del noveno capítulo de la *Gita* —donde encontrarás el "rey de los secretos"—, Krishna le dice a su amigo Arjuna: "Ámame. Eres mío y yo soy tuyo."

¿Cuál es ese secreto guardado celosamente en medio de la *Gita* para mantener su tesoro lejos de los lectores casuales? El secreto es que podemos elegir adherirnos al *lila* en el mundo espiritual en lugar de extinguir nuestra individualidad en una liberación sin forma. En cientos de textos antiguos se revela la asombrosa variedad en el reino absoluto que es nuestro, si elegimos amar sabiamente, en lugar de una realidad confusa definitiva de vacío indeterminado, sin contenido e impotente.

Capítulo 15

El yoga del amor

El Bhakti revela que nuestro estado inherente y perfecto es el de amante. El Bhakti, como práctica de yoga, es el camino de la evolución del corazón y se conoce como el yoga del amor. Pienso en el *bhakti* como el camino de la conciencia plena.

Dada nuestra propensión actual a amar de manera impura y parcial, ¿cómo abordamos el amor perfecto? Por definición, tal amor perfecto es posible solo cuando depositamos nuestro amor en el objeto perfecto del amor.

En el prólogo vimos que Shuka sentía una paz ilimitada amando al ser. Estaba tan satisfecho en el yo que nada material ejercía influencia alguna sobre él; así trascendió la muerte. Aun así, la poesía *Bhagavata* de su padre, que reveló la relación del yo con su raíz primordial, el Ser Supremo, estimuló a Shuka a abandonar el bosque en pos de una experiencia más elevada. Es posible indudablemente estar satisfecho de amarme a mí mismo, pero ¿cuánto más completo es el amor compartido con otro?

La palabra *yoga*, que significa "unir" o "conectar", se refiere dentro del *Vedanta* a establecer una conexión con nuestra esencia/fuente. La palabra *bhakti* proviene de la raíz sánscrita *bhaj*, "dar y recibir", e indica el tipo de dar que incluye un recibir completo. El amor de esta entrega y recepción se centra en el Ser Supremo y se desarrolla a través de la práctica del *yoga* de la conciencia plena.

Bhakti es el *yoga* de las relaciones espirituales que transporta el amor a su punto más álgido. Rupa Goswami, poeta y santo del siglo XVI, declara:

> *anyabhilashita-shunyam*
> *jnana-karmady-anavritam*
> *anukulyena krishnanu-*
> *shilanam bhaktir uttama*

> La categoría más elevada del bhakti es aquella que agrada exclusivamente a Krishna y está desprovista de cualquier deseo aparte de su servicio. No está cubierto por la acción de los deberes diarios o cotidianos (karma), ni por el conocimiento que busca el aspecto no personal del Absoluto (jñana), ni por el intento meditativo de llegar a ser uno con el Supremo.
> —*Bhakti-rasamrita-sindhu* 1.1.11

Rupa Goswami usa palabras y frases como "afectuoso" y "favorable", "sin deseos egoístas o motivos ocultos" y "esfuerzo perpetuo y ardiente" para definir las características del *bhakti* puro. Nuestro amor será afectuoso, altruista, sin causa y constante. Estos sentimientos y las acciones que provocan, cuando se expresan en relación con la Persona Suprema, se transforman en emociones espirituales decididas y espiritualizan nuestro cuerpo, mente y sentidos. Cuando nuestro cultivo del *bhakti* se vuelve continuo y completamente maduro, el amor se condensa en amor sabio y somos transportados, incluso antes de la muerte, al mundo de la conciencia.

En resumen, *bhakti* significa respuesta pura y amorosa a la Persona Suprema expresada mediante las facultades del cuerpo, la mente y el habla.

En español usamos la palabra *amor* como sinónimo de otros sentimientos. Hablamos de amar a nuestras mascotas, nuestros amigos, nuestras familias, nuestros hijos y, al mismo tiempo, usamos la misma palabra, *amor*, para hablar de cosas que simplemente nos complacen: la última película, nuestro plato favorito, una nueva prenda de vestir, un paisaje impresionante. Al hacerlo desaprovechamos las sutiles características emocionales inherentes a la palabra *amor*.

El sánscrito tiene por el contrario palabras específicas para los tipos de amor que sentimos: lo que podríamos sentir por un amigo o lo que una madre siente por su hijo o un amante por su amado. Y hay un término específico para los intercambios amorosos entre el yo y el Amado Supremo: *prema-bhakti*, o amor sabio. Prema-bhakti es un río de la dulzura más encantadora que desemboca en un océano de experiencia sin igual. Prema-bhakti es la expresión integral y sofisticada del amor espiritual puro.

Estos dos amantes, la Persona Suprema y el ser finito, son los receptores y dadores del amor sabio. El amor sabio solo puede alcanzar su cumbre extática, su gozo absoluto, en la unión entre el Amado Supremo y el amante. Por lo tanto, nosotros mismos, como seres finitos, no podemos mantenernos separados del Supremo y aun así experimentar la plena expresión del amor, y sin el amor sabio nunca seremos completamente felices.

Fue con interés que aprendí que el amor sabio solo puede manifestarse cuando se deposita en el objeto perfecto del afecto. Sabía que para que el amor fuera perfecto, para que mi acto altruista de dar se convirtiera realmente en recepción (y plenamente satisfactorio), el objeto de mi afecto debe ser capaz de corresponder a todo mi amor. El amor, después de todo, se mide por la forma en que se corresponde. A medida que mi amor aumenta, el amor de esta persona por mí también debe aumentar; de lo contrario, el amor se ve obstaculizado. La única persona capaz de un amor inagotable y una reciprocidad sin igual es el Ser Supremo. Por lo tanto, la plena manifestación del amor sabio solo es posible cuando nuestro amado es el Supremo.

Sin embargo, si dedicamos nuestro amor, nuestro ser, a objetos de amor falibles, nuestra entrega se verá obstaculizada por la incapacidad de nuestro objeto de corresponder plenamente. Sí, mi amor y mi ser son limitados, pero también lo son los del objeto falible. Muchos de nosotros hemos tenido probablemente la experiencia de estar en una relación donde el otro no estaba dispuesto o no podía abarcar o corresponder lo que ofrecíamos. Dichas personas eran incapaces de comprender nuestros corazones y necesidades o, aunque fueran capaces, tuvieron que dejarnos llegado el momento de la muerte. Quizás nosotros fuimos también esa persona incapaz para los demás. Esa entrega imperfecta puede ayudarnos a crecer, pero no siempre sin cicatrices psicológicas y desamores y, ciertamente, el amor imperfecto no puede brindarnos la experiencia completa del amor espiritual incondicional y puro.

El amor sabio se desarrolla cuando confiamos nuestro yo al objeto infalible del amor, esa fuente de nosotros mismos, nuestro Divino Otro. El tiempo no lo inmuta—nunca nos dejará, forzado por la muerte—, y es plenamente capaz de aceptar lo que ofrecemos y corresponder con nosotros más allá de lo que podemos dar.

Sin embargo, tenemos que comenzar nuestro gran proyecto de amor sabio desde nuestra posición: con este cuerpo-mente, en este mundo. Comenzamos a vislumbrar el amor sabio cuando aprendemos a incrementar el amor ordinario incondicionalmente. Para alentar al amor sabio a que se enraíce y florezca, dirigimos nuestros corazones hacia nuestro ideal tratando de amar a todos incondicionalmente, comenzando por aquellos que tenemos alrededor. El amor incondicional hacia los demás es un nivel de excelencia de existir en el mundo. Al interactuar regularmente con otros con la intención de amarlos incondicionalmente, suavizamos nuestros corazones. A medida que experimentamos el reblandecimiento del corazón, también veremos qué aspectos de nuestros corazones permanecen duros. En consecuencia, esta práctica simple pero poderosa de dar amor incondicional – amor sin ninguna expectativa de reciprocidad –, nos enseñará cuán extraordinario es el amor sabio y cuánto se debe derretir y espiritualizar el corazón para alcanzar el excelso amor del Supremo..

Y si queremos, al mismo tiempo, algo más que un atisbo del amor sabio vamos a regar la semilla del *bhakti* escuchando, recordando y sirviendo a nuestro Otro Divino. Es así como el amor sabio madura y los pétalos de sus flores se despliegan para mostrar su belleza.

En el proceso de flexibilizar nuestros corazones, las cualidades útiles que asisten al amor sabio, como la humildad y la compasión, comienzan a eclipsar nuestras cualidades menos dignas. Y a medida que usamos nuestras cabezas (razón) para ablandar nuestros corazones, se nos permite ascender al umbral del amor sabio, el portal donde el ser se encuentra con su Fuente. Desde allí, podemos entrar al hogar de la emoción espiritual, que trasciende el amor mundano y, con el tiempo y el cultivo, alcanzar un amor incondicional e ininterrumpido, o el amor como estado del ser.

Rupa Goswami, el santo cuya definición de bhakti tuvimos en cuenta al comienzo de este capítulo, afirma que el amor sabio es como un millón de soles, mientras que el amor mundano es como una sola vela. Ambos dan luz, pero la iluminación, la intensidad, la pureza y la alegría de uno no se pueden comparar con la del otro. Es difícil imaginar el brillo del sol y la belleza del mundo que éste revela mientras observamos el movimiento vacilante de la pequeña llama de una vela en la oscuridad.

El amor sabio puede saciar nuestra necesidad de un amor interminable y absoluto; sin embargo, para alcanzarlo se nos pide primero que desarrollemos nuevos ojos para mirar la luz.

Capítulo 16

Ejercicios del corazón

En una comparación simplista, un sistema de yoga (*ashtanga*) ejercita la mente-cuerpo, otro (*jñana*) ejercita el intelecto y un tercero (*bhakti*) ejercita el corazón. Cada práctica de yoga tiene un objetivo distinto. Los yogas no se dirigen especialmente a la naturaleza psicológica de los individuos; más bien, cada sistema promueve un objetivo diferente. El interés del *ashtanga* es el área del conocimiento, o *chit* (Superalma), para el *jñana* se trata del área del ser, o *sat* (Unidad), y para el *bhakti* el área del amor, o *ananda* (el Ser Supremo).

Estos sistemas de yoga son cada vez más difíciles de practicar, y sus objetivos son más difíciles de obtener. Por ejemplo, el trabajo físico es arduo, pero tenemos que dar más de nosotros mismos cuando se trata de trabajar con la mente/intelecto. Tenemos que estudiar si queremos capacitarnos para un campo particular de trabajo, y luego aplicar la mente con un propósito concentrado y específico. Es por eso que nos pagan generalmente más por el trabajo intelectual que por el trabajo físico. El ejercicio del corazón requiere más que fuerza física, agilidad, control mental o destreza intelectual. Requiere que involucremos todo nuestro ser.

Con la práctica del yoga del corazón, consagrados a revivir la relación con nuestro Amigo Divino, efectuamos un cambio de carácter mediante la limpieza del ego. A continuación, podemos ejercer el libre albedrío del ser real, que se opone a menudo a las directrices de una mente sometida al influjo de lo material. Ejercitar el corazón significa usar la mente-cuerpo y la inteligencia (razón) para convertirse en el dador/amante que naturalmente somos. Tenemos experiencia de que el amor crece cuando damos nuestro corazón a otro mediante actos de servicio y entrega: en otras palabras, cuando hacemos sacrificios personales. Alineo algunos de mis gustos con los de mi amante: sacrifico mis alimentos preferidos por los suyos, o cambio un hábito que mi amante encuentra molesto: todo para darle placer. El amor nace en el seno del sacrificio.

El amor se extiende hasta llegar a un estado concentrado cuando predomina nuestro ego de servicio (el ego real). Para fortalecer el ego de servicio, sintonizaremos y ajustaremos regularmente nuestros motivos internos, nos recordaremos a nosotros mismos de nuestra meta, refinaremos nuestra mentalidad para apoyar nuestra intención y meta, y practicaremos el acto de dar. Eso exige una auto-reflexión ejercitada, estar alertas, objetividad, desapego y determinación. En otras palabras, nuestro proyecto de amor sabio requiere un estilo de vida solidario.

El método de cultivar la vida interior mediante estos procesos está más allá del ámbito de *Amor sabio*, y merece un libro propio, pero en el capítulo treinta y dos planteo algunas de sus prácticas. Permítanme ofrecer por ahora una analogía a menudo utilizada por los clarividentes del *bhakti*. Si siembro un huerto, necesito regar mis plantas, abonarlas y eliminar las malas hierbas para que las plantas que pretendo cosechar puedan crecer sin obstáculos. Asimismo, tengo que prestar atención a mi paisaje interior. Si me olvido de regar y abonar mi semilla del *bhakti*, amor sabio, escuchando y cantando sobre temas espirituales y sobre la Persona Suprema, o si no elimino las malas hierbas del deseo material controlando la mente, la enredadera del *bhakti* se secará o se marchitará.

En otras palabras, no puedo determinar una intención un día y después continuar la vida sin cultivar regularmente mi huerto interior. No hay un dispensador de abono automático o un sistema de riego para el huerto interior. El riego y la limpieza del espacio interior sagrado tampoco es una actividad semanal. Tengo que estar presente y participar en mi propio crecimiento con atención, sinceridad y seriedad. Mi huerto requiere compromiso y práctica diarios para superar el estadio humano y llegar a sobrehumano. Me tomaré tan serio esta empresa como me tomo el ganar dinero, criar a mi familia, desarrollar mi negocio, comunidad, proyectos o buscar entretenimiento. Y sí, es posible participar en todas estas actividades y seguir siendo sobrehumano. Después de todo, el expandir la conciencia es una cuestión de cómo abordo y me relaciono con el mundo, no se trata de renunciar a él.

El amor es activo en las esferas material y espiritual, y se nutre de sacrificios, y con atención se condensa. Sacrificarse por el amor es como poner leche a fuego lento. Revuelvo la leche continuamente para que no se queme. Con tiempo y atención, la leche gradualmente comienza a condensarse. Se vuelve más rica, más espesa y más dulce. Aumentamos nuestra dedicación amorosa mediante actos cotidianos de sacrificio y entrega. Y cuando dirigimos nuestro amor al objeto perfecto del afecto, nuestro amor se condensa en pureza, y retorna en una densidad y dulzura superiores a nuestra capacidad de recibir. Por lo tanto, en nuestra relación con la Persona Suprema, no importa cuánto demos: siempre nos sentiremos llenos. Experimentar la plenitud de dar es el síntoma por el cual podemos evaluar si hemos elegido el objeto perfecto del amor. El objeto perfecto del amor es el alma de la conciencia, la raíz o la esencia de nuestra existencia, nuestro Otro Divino.

Cuanto más puro es mi amor –más profundas y expansivas se vuelven mis tendencias de dar y servir–, más completo y satisfecho me siento. Mediante la relación amorosa con el Supremo de la impureza surge la pureza, como veíamos en el capítulo anterior.

Darwin teorizó que el acumulador más brutal sería el más apto para sobrevivir. El Bhakti propone, y así lo confirman los clarividentes, que ascenderemos en la escala evolutiva en la medida en que seamos más cordiales. La mayoría de nosotros no cree que Hitler fuera más evolucionado que Madre Teresa. De hecho, declaramos lo contrario.

Cuando empleamos la cordialidad del bhakti, ganamos. El fenómeno es misterioso, pero percibimos un cambio –crecimiento–, en aquellos que se convierten en dadores. Esto se debe a que al darnos desmantelamos el falso yo. La Madre Teresa era de baja estatura, pero parecía muy alta. Nos volvemos más grandes en contacto directo con el ser. Sacrificar, dar y amar es el camino hacia la Persona Suprema, nuestro Centro. Cuando tomamos, nos vemos arrastrados hacia la circunferencia del círculo en el que la realidad virtual se manifiesta como una sombra del mundo de la conciencia. Al dar, se produce una atracción magnética hacia nuestro Centro y hacia una vida vibrante y armoniosa.

La tendencia actual consiste en pensar: "Estoy creando. Estoy produciendo. El mundo es para mi placer". Estos pensamientos crean una fuerza magnética negativa en el ser, que nos aparta de nuestro Centro cargado positivamente. A veces estimulamos a nuestros hijos para recordarles: "No eres el centro del universo". De hecho, somos pequeños, dependientes del Centro independiente. Cada uno de nosotros no es más que una de las siete mil millones de personas del planeta, que en sí mismo es una partícula de polvo en la galaxia. Existen de 100 a 200 mil millones de galaxias, y en cada galaxia hay un gran número de planetas y sistemas estelares.

Si contemplamos nuestra existencia en relación con la extensión del cosmos, tendremos una idea de cuán minúsculos somos. Sin embargo, tratamos de ser grandes. Somos importantes; tenemos un valor, pero ese valor está en relación con nuestra Fuente. Cuanta más fuerza hacemos en contra de la dependencia de nuestra Fuente-Centro, más impotentes y tristes nos volvemos. Él es el fuego y nosotros somos las chispas de dicho fuego. ¿Cuán brillante es una chispa separada de su fuente? ¿Cuánto tiempo puede brillar una chispa separada de su fuente?

En lugar de esforzarnos en ser grandes, podríamos esforzarnos en ser pequeños. ¡Y qué alivio dejar de fingir que somos algo que no somos! Si nos relajamos felizmente en el abrazo amoroso de nuestro Divino Amigo, aceptamos nuestra dependencia y nos damos cuenta de que existimos eternamente se reduciría mucho la presión en nuestras vidas gobernadas por el estrés. El miedo a nuestra mortalidad se eliminaría permanentemente, el intenso impulso por alcanzar la grandeza se enmarcaría en el contexto correcto.

Cuanto más nos centramos en la situación correcta del ser—"Soy una unidad de conciencia. Soy un amante. Estoy protegido por mi Fuente"—, más rápidamente avanzaremos hacia nuestro Centro. Bhakti, la práctica de la cordialidad, nos lleva rápidamente a nuestro Centro, que está de pie con los brazos abiertos, esperando recibirnos cuando finalmente localicemos nuestros auténticos corazones.

Tengo una hermosa caja con las palabras "Love Much" (Ama mucho) impresas en ella. Viví esa preciosa sentencia. Pero mi brújula no estaba cuidadosamente dirigida hacia el verdadero norte. Por lo tanto, aunque mi intención era noble, me perdí en la selva y acabé maltrecha. Sufrimos por los amores perdidos, el amor no correspondido y el amor no descubierto porque intentamos recuperar continuamente nuestros amores en lugares donde el amor no puede ser correspondido, parcial o totalmente. Abandonaremos el desánimo (y el odio) para siempre cuando encontremos el objeto de amor apropiado, el que puede corresponder completamente a nuestro amor. Nuestra mayor alegría, nuestro mayor logro consistirá en situar nuestro corazón allí, entregar nuestro propio ser.

En el amor sabio, el que entrega obtiene más que el que recibe: esta es la naturaleza mística de la vida consciente. Ni siquiera sentimos que estamos sacrificando nada en nombre del amor porque el amor que recibimos de la Persona Suprema es extraordinariamente magnánimo, generoso y pleno: inmensamente mayor que cualquier cosa que podamos ofrecer.

Luz estelar

*El que conoce la ley de las vibraciones
lo sabe todo.*

HERMES TRISMEGISTO

*El hombre es, por su propia naturaleza, una
especie de antena receptora de un universo
auto expresivo que revela su verdadera presencia.*

ALFRED A. TOMATIS

Capítulo 17

Ver con tus oídos

Los oídos son cruciales cuando los ojos no son de ayuda. No podemos ver a alguien atrapado en un desagüe pluvial, una mina de carbón o debajo de los escombros de un edificio derrumbado, pero podemos oírlos. Una forma de saber que estamos en peligro es que alguien nos llame la atención mientras estamos dormidos −los ojos cerrados−, con un fuerte: "¡Despierta!"

Tendemos a equiparar el conocimiento con nuestra capacidad de ver. Usamos nuestros ojos para aprender, leer, para discernir entre una cosa y otra. Pero la audición contribuye más a nuestro conocimiento que la vista. La mayor parte del conocimiento que obtuvimos en la escuela se recopiló, sí, leyendo libros con los ojos, pero más aún al escuchar los textos y las materias que trataban interpretados por nuestros maestros y repetidas por otros estudiantes. De manera similar, el conocimiento trascendental se adquiere al escuchar. Para ver correctamente, abre los oídos

Los *Upanishads*, la *Gita*, el *Bhagavata*, y otros textos son sonidos sagrados que existían antes de ser plasmados por escrito. Estos sonidos no los ha producido el hombre sino que son inherentes a la naturaleza subyacente. Esta comprensión es similar a la conclusión de algunos matemáticos de que las fórmulas existen por siempre, simplemente se revelan o descubren en lugar de ser inventadas por la mente humana.

Puede que neguemos la idea de la revelación. Hemos escuchado a oradores citar libros para dar solidez a sus afirmaciones solo para malinterpretar o abusar del texto citado. También hemos visto a algunos establecer reglas rígidas a partir de libros de conocimiento revelados, o afirmar que todo lo que se cita en el libro es aplicable en todo momento y en todas las circunstancias. Este tipo de interpretación de la revelación resulta poco atractiva, por lo que la rechazamos.

El sonido iluminador que proviene del Supremo y entra en los oídos y corazones de aquellos conectados con él mediante el amor sabio es atractivo y relevante. Tal sonido surge de los corazones de los consagrados, baila en sus lenguas y llega hasta nuestros oídos. Si permitimos que este sonido profundice en nuestros corazones, viviremos con cordialidad y nos trasladaremos al mundo del amor sabio.

Quizás nos preguntemos cómo es posible obtener esta comprensión: ¿acaso una persona consciente nos respondería abiertamente si la examináramos, cortáramos, midiéramos y robáramos para averiguar sus secretos? La mejor manera de saber algo sobre nuestro amante es ganarnos su confianza. La confianza abre la puerta a los secretos más íntimos del amante. La confianza encuentra plena expresión en el amor: un acercamiento amoroso es la forma en que el infinito, que es totalmente capaz de revelarse a lo finito, nos responde.

Las verdaderas revelaciones nos guían, superando los obstáculos, hacia nuestro interés personal más elevado. La vida interior, aunque sutil, es profunda, rica y amplia, con un significado y un conocimiento que no están disponibles para aquellos que permanecen enfocados en el mundo externo y los métodos de apropiarse y exigir.

Sabios, místicos y clarividentes muestran cómo las percepciones internas pueden perfeccionarse y afinarse hasta poder ver y hablar directamente con el supremo Ser Sensible. Cuanto más nos orientemos hacia nuestro hogar interior mediante el hábito y la atención, con mayor rapidez podremos regresar allí, totalmente presentes, y más profundas se volverán nuestras percepciones. El viaje interno se realiza mediante excursiones repetidas y regulares hacia el interior. Éstas purifican nuestra sensibilidad espiritual y cognición. Nuestras facultades espirituales – mente, inteligencia y todos los sentidos en conjunto –, pueden realizar todas las funciones de la mente y sentidos mundanos.

Tenemos experiencia práctica en el aumento del desarrollo de los sentidos externos de percepción cuando es necesario. Por ejemplo, los ciegos describen que su audición, olfato y tacto se vuelven extremadamente sensibles. Del mismo modo, aquellos que practican la meditación se vuelven más conscientes de los estados físicos y psíquicos que antes de aprender a controlar la mente. Hablen con especialistas en manejo del dolor que utilizan ejercicios de respiración y meditación en su práctica, y descubrirán que los pacientes con dolor crónico pueden alterar sus niveles de dolor controlando la mente. Estas son solo algunas de las formas en que puede evolucionar nuestra percepción sensorial. También hay formas más sutiles.

La *Gita* fue registrada mediante una visión espiritual interna. Krishna y su amigo guerrero Arjuna estaban hablando mientras conducían la cuadriga por un campo de batalla entre ejércitos enfrentados. Estaban a punto de librar una guerra mundial. Ni Krishna ni Arjuna escribieron su conversación. Fue Sanjaya, un místico en la corte de un rey, quien tuvo la habilidad yóguica de ver la escena y escuchar la conversación en su corazón, a pesar de encontrarse lejos del campo de batalla. El rey, que era ciego y cuyos hijos estaban también en el campo de batalla, escuchó los detalles de las batallas de cada día de labios de Sanjaya. El consejero místico del rey tenía la capacidad de ver y escuchar lo que estaba sucediendo a distancia, de la misma manera que una antena, cuando está desplegada y posicionada correctamente, puede captar sonidos e imágenes y enviarlos al aparato de visualización.

La capacidad de percepción y expresión del ser libre de las ataduras a la materia, se extiende mucho más allá de la mente y puede explorar el más secreto de los secretos. En la conversación entre Krishna y Arjuna, Krishna dice, dirigiéndose, en realidad, a todas las almas:

> *mayy asakta-manah partha*
> *yogam yunjan mad-ashrayah*
> *asamshayam samagram mam*
> *yatha jnasyasi tac chrinu*

Ahora escucha, oh hijo de Pritha [Arjuna], cómo al practicar yoga con plena conciencia de mí, con la mente apegada a mí, podrás conocerme por completo, libre de dudas.
— *Gita* 7.1

Los clarividentes explican que los sonidos de la revelación establecen un puente entre la materia y el espíritu. Dichos sonidos activan y permiten que el corazón y los sentidos espirituales perciban cosas que están más allá del mundo de la materia. En otras palabras, poseo una habilidad inherente para percibir todo lo relacionado con el mundo de la conciencia, y los libros revelados son las directrices que me guían allí. Los textos *bhakti* son cartas de amor provenientes del amable corazón de la Persona Divina, escritas sobre su vida, y que nos invitan a la patria de nuestros corazones.

Por apasionantes que sean los textos Bhakti Vedanta, muchos son abstractos, y debido a que son tan voluminosos, darles sentido requiere la ayuda de alguien que los haya asimilado y armonizado en su vida práctica. Los maestros que van de regreso al hogar nos ayudan a descifrar los significados y las aplicaciones del sonido revelado.

¿Realmente necesitamos escrituras? ¿Realmente necesitamos una guía? No si hubiéramos estado atentos al mundo que siempre está en contacto con nosotros. Pero, por lo general, no escuchamos, e incluso cuando lo hacemos, no escuchamos como lo hacen los clarividentes.

No siempre estamos seguros de lo que estamos escuchando. No siempre tenemos el contexto suficiente para entender lo que se nos está revelando. Hablamos torpemente o sin propósito, tomamos y nos apropiamos, y luego ignoramos todos los gritos de dolor de los que sufren a nuestras manos. *Después de todo, pensamos, soy inherentemente bueno. ¿Qué se puede hacer?*

Mantenernos cerca de alguien que está escuchando, cuyos oídos, ojos y corazón atienden al Absoluto, nos permite entender el modo en que nosotros podemos escuchar y ver también la revelación. Un santo o santa que escucha la canción del Supremo en su corazón puede ayudarnos a escuchar, y un clarividente puede ayudarnos a ver.

Capítulo 18

Sonido sagrado

Así como existe un sonido material que puede, mediante la vibración y energía (o frecuencia) correctas, romper cristales, desorientar o incapacitar a una persona, también existe un sonido espiritual capaz de despejar el camino que conduce al yo y al mundo espiritual.

Estamos familiarizados con el poder del sonido: las ondas sonoras de alta frecuencia pueden atravesar el cuerpo para producir imágenes legibles de corazones, hígados, vejigas, riñones, fetos, etc.; escuchar música clásica puede mejorar el razonamiento espacial; los cuencos tibetanos y los diapasones pueden ordenar el pulso y los latidos del corazón; escuchar ondas de sonido delta puede inducir un sueño profundo. Como Mitchell Gaynor escribe en *Sonidos de Curación*: "He observado repetidamente,... en mi trabajo clínico con pacientes, que el sonido puede facilitar la curación en casos donde la meditación, la retroalimentación y otros métodos mente-cuerpo, usados por separado, pueden fallar".

El sonido sagrado se origina en el mundo de la conciencia. Todos los sistemas de yoga están de acuerdo en que el sonido es el elemento raíz del mundo. En otras palabras, el Vedanta explica que todo el potencial tras la existencia del mundo material está contenido en el sonido: en forma de semilla. El concepto de algo pequeño o aparentemente insignificante que crea algo grandioso y complejo no nos es ajeno. El árbol más grande conocido, un secuoya, germina de una semilla del tamaño de un copo de avena. No es posible ver el esperma a simple vista, pero cuando se fusiona con el óvulo, las dos células crean el complejo cuerpo humano. Los sonidos sagrados del mundo consciente llegan al mundo material con el propósito de llamarnos al hogar, al igual que un faro en tierra envía señales a los barcos en el mar, proveyendo seguridad mientras les muestra el camino.

También hemos escuchado de los físicos cuánticos que la vibración es fundamental para el mundo. Las frecuencias vibratorias son a menudo tan rápidas que, en lugar de oscilar, el mundo se siente como un cuerpo sólido. El sonido es la parte audible de la vibración que subyace en nuestro mundo.

Además, la teoría de cuerdas dice que todos y cada uno de los aspectos de la existencia están vibrando. En otras palabras, el mundo es música. "Los quarks y los electrones son notas musicales en una cuerda vibrante", dice Michio Kaku, un físico teórico estadounidense, y agrega: "En esencia, la física es la ley de la armonía que puedes escribir en cuerdas vibrantes. La química son las melodías que se tocan en cuerdas vibratorias. El universo es una sinfonía de cuerdas vibratorias". Dicho de otra manera, el hermano físico de un amigo dijo una vez: "El universo es una canción en la mente de Dios".

El *Bhagavata* explica que, como elemento original, el sonido inicia la manifestación de los universos, y también podemos liberarnos a través del sonido: *anavrittih shabdat*: "liberación por el sonido". ¡Qué sencillo, en realidad, progresar a través de la materia impenetrable! Solo necesitamos escuchar los sonidos correctos. Tal sonido liberador no es mundano, sino más bien un sonido sagrado rebosante de la potencia del Absoluto.

Todo sonido ayuda a la mente a formular y desmantelar pensamientos. La mente siempre está aceptando y rechazando. Su función fundamental de evaluación, ensamblaje y deconstrucción depende en gran medida de los sonidos que escuchamos. Lo que escuchamos (ingerimos) —y lo que luego hablamos— moldea la mente y nuestras inteligencias espaciales, intuitivas y socio-relacionales en la misma forma en que la comida da forma al cuerpo. Si el sonido material tiene tal poder, imagine lo que puede hacer el sonido espiritual. El sonido sagrado está investido con el poder de desmantelar el cuerpo psíquico material que nos mantiene conectados a esta realidad virtual.

Cuando los invasores entran en un territorio que quieren ocupar, es prioritario capturar y controlar los sistemas de comunicación del lugar que pretenden conquistar. Si los invasores pueden controlar las ondas sonoras, podrán controlar lógicamente a las personas diseñando y repitiendo el mensaje que desean que dichas personas escuchen, absorban u obedezcan. Es un hecho que estamos controlados por el sonido material. ¡Debemos rebelarnos, liberarnos y escuchar en cambio el sonido sagrado!

Este es un ejemplo de un nuevo poder de sonido que ha sido descubierto. Dos ingenieros desarrollaron recientemente una forma de extinguir fuego usando ondas de sonido. Los estudiantes graduados colocaron su extintor de fuego de ondas sonoras sobre un fuego, y el fuego se apagó casi instantáneamente cuando ajustaron el sonido a una frecuencia inaudible en particular. ¿De qué otra forma se podría usar el sonido elemental sutil? El Vedanta dice que deberíamos usar el sonido para ubicar al ser y luego dejar atrás el mundo material abordando el vehículo de la vibración del sonido sagrado.

Capítulo 19

Mantra

Los mantras son sonido: pero no cualquier sonido. Los mantras son sonidos que funcionan internamente, cambiando nuestras tendencias e impresiones internas.

Algunos de nosotros hemos vivido el poder de la negatividad que nos producen las palabras que nos llegan, capaces en ocasiones de provocar enfermedades físicas, emocionales y espirituales. La calidad de los sonidos que escuchamos puede marcar la diferencia entre la vida y la muerte metafórica o real. Se ha observado que una paciente cuyo médico le prescribe un régimen terapéutico y además la estimula a que contemple su cuerpo como un poderoso instrumento capaz de autocuración, tiene una mayor probabilidad de supervivencia que otra paciente cuyo médico le dice que solo le quedan tres meses de vida y la envía a casa, a morir. Por supuesto, si un médico dice la verdad y el paciente está listo para trabajar con ese mensaje, las palabras del médico pueden influir poderosamente en el paciente de una manera positiva. El sonido impulsa al mundo. Los pájaros cantan en busca de comida y compañeros, y nosotros también. Los sonidos son escuchados de manera diferente por diferentes criaturas. El canto de un pájaro no le da vitalidad a un gusano, que es el alimento que busca. La serpiente repta alegremente hacia el sonido del sapo que croa, que no es consciente de que está llamando a la muerte. Puede que los sonidos que las personas hacen no resulten agradables a aquellos a quienes explotan. En este mundo, todo ser vivo es "alimento" para otro, y los sonidos que escuchamos son a menudo una jungla de amenazas, sin importar lo dulcemente que se transmitan. Pero los sonidos de amor que emanan del reino de la conciencia nos limpian de las falsas impresiones mentales y las identificaciones erróneas que nos atan a un ciclo interminable de karma. En otras palabras, tienen el poder de establecernos en nuestra identidad.

Consideren un ejemplo: Cualquiera que trabaje con números está familiarizado con la forma casi mística en que funcionan. Por ejemplo, multiplique 5 por sí mismo, luego multiplique nuevamente el producto por 5, y luego una vez más, y descubrirán que tras cuatro multiplicaciones obtienen 3 125. Multipliquen ese producto una vez más y su número ascenderá a 15 625. Los números aumentan exponencialmente muy rápidamente. Lo mismo ocurre con las impresiones mentales y emocionales que asimilamos a través del sonido.

Imagine multiplicar las falsas impresiones psíquicas que nos convencen de que somos la mente-cuerpo y que nuestros deseos materiales son más importantes que cualquier otra cosa. Ahora multiplique esas impresiones por días, semanas, meses, años y vidas (recuerde que nuestro cuerpo sutil viaja con nosotros de un cuerpo a otro llevando todas las impresiones psíquicas). En corto plazo entenderemos el ingente proyecto de eliminar todas las impresiones psíquicas que hemos acumulado, excavando hasta el fondo para poder descubrir el ser. Esta realidad kármica es la razón por la cual la psicología tiene una capacidad limitada para sanar el cuerpo mental y por qué la salud mental por sí sola no puede liberar el ser.

Pero incluso algo tan difícil y complejo como eliminar las ideas erróneas de toda la vida puede resolverse de manera sencilla y eficaz. Si coloca, durante el tiempo suficiente, una piedra de gran dureza debajo de un grifo que gotea constantemente, el agua dejará finalmente una huella en la dura roca.

Debido a las huellas impresas en la mente provocadas por sonidos profanos, nos encontramos casi muertos, petrificados, convencidos de que somos un cuerpo y una mente físicos y perdidos para nosotros mismos. Los mantras actúan como el agua sobre la piedra de la mente, desgastando las viejas impresiones y creando nuevas impresiones conscientes. Debemos usarlos como gotas de agua: regular y repetidamente. Alimentamos nuevas impresiones bañando el cuerpo psíquico mediante el constante escuchar de las vibraciones del sonido sagrado.

Los mantras, como todas las cosas en el mundo de la conciencia, están vivos. Nuestras impresiones materiales anteriores son reemplazadas por impresiones espirituales sometidas a la influencia del sonido sagrado; la mente, la inteligencia y el ego se espiritualizan hasta recobrar su condición pura siendo capaces de interactuar con el Infinito en el mundo de la conciencia.

Gracias a la técnica meditativa de cantar mantras, nos

convertimos en el instrumento que es tocado por el mantra viviente. Al escuchar desde la profundidad del corazón la música creada por el mantra, volvemos a ser conscientes de nuestra identidad y de nuestra relación eterna con nuestra Fuente Sensible.

Cuando estamos dispuestos a alejarnos del ego falso para vivir todo el potencial del ser, invocar mantras se convierte en una práctica espiritual sofisticada y un don poderoso.

Capítulo 20

El mantra de los nombres

Hay mantras de todos los tipos. Algunos son códigos filosóficos concisos que, para ser entendidos plenamente, han de ser descifrados en el contexto del ingente ámbito del conocimiento vedántico. Algunos son parte de rituales antiguos que tienen poco significado fuera de dichos ritos. Otros son los nombres de los administradores gobernantes del cosmos, conocidos como los semidioses. Sin embargo, otros son nombres de la Persona Suprema y, siendo idénticos a él, brindan resultados trascendentales. Si bien hay mantras sagrados que ayudan en la meditación, hay otros sonidos que se hacen pasar por mantras que no conducen en absoluto al crecimiento espiritual.

Aunque hemos de tener en cuenta la máxima: "No siempre puedes conseguir lo que quieres", cuando conoces la ciencia de los mantras y cómo abordarlos, puedes deshacerte de esta aparente obviedad y alcanzar el Absoluto. Los mantras sagrados pueden brindarnos salud, paz y prosperidad, pero también pueden brindarnos nuestro mayor interés: conocer nuestro yo y a nuestro Otro Divino.

El tiempo universal es cíclico según el *Vedanta*. Actualmente estamos en la era denominada Kali, una época particularmente difícil plagada de disputas e hipocresía. Aunque las búsquedas espirituales siempre conllevan esfuerzo, durante Kali son especialmente desalentadoras, y pocos pueden emprender la travesía. A modo de ayuda, los *Upanishads* resaltan el sonido –de entre millones de sus sonidos sagrados–, que tiene el poder de eliminar todos los problemas de esta era y resolver nuestras propias deficiencias. Dicho sonido elimina los efectos abrumadores de Kali (y el karma) para conducirnos rápidamente a nuestra meta. Si conocemos este sonido en su integridad, al cantarlo y recitarlo con amor lo podremos saber todo.

Este sonido recibe el nombre de *maha-mantra*, o gran mantra. *Maha* significa "grande". Forma parte de la conocida palabra *mahatma*, o "gran alma". Este mantra es *maha*, o grande, porque contiene toda la potencia de todos los mantras sagrados.

El *maha-mantra*, dentro del ámbito de los mantras, es notablemente fácil de memorizar y recitar. Es placentero para la lengua y el oído y disculpa las deficiencias e incapacidades del que medita en él. Se puede cantar en cualquier momento, en cualquier lugar, sin costo, lo que lo convierte en una de las formas de meditación más potentes y accesibles de todos los sistemas de yoga.

El *Kalisantarana Upanishad* (5–6) afirma:

iti sodashaka namnam
kali-kalmasha nashanam
natah parataropayah
sarva vedeshu drishyate

> *hare krishna hare krishna*
> *krishna krishna hare hare*
> *hare rama hare rama*
> *rama rama hare hare*
>
> Estos dieciséis nombres pueden destruir todos los efectos degradantes e ilusorios de Kali. En todos los Vedas, no se encuentra un método más elevado o sublime: Hare Krishna, Hare Krishna, Krishna Krishna, Hare Hare/ Hare Rama, Hare Rama, Rama Rama, Hare Hare.

Sri Chaitanya, un santo del siglo XVI, dijo: "*Krishna* es el nombre más perfecto porque revela el corazón secreto de Dios. Es una piedra trascendental con capacidad para conceder deseos".

¿Por qué el nombre de *Krishna* es significativo? Cuando estudiamos la etimología de las dos sílaba *krish* y *na,* se nos revela una imagen del Supremo como amor personificado. *Krish* significa existencia, y *na* significa dicha. Combinadas, las dos raíces indican que Krishna es la forma del Absoluto que personifica dichosamente todos los aspectos de la existencia y la conciencia, de los cuales el amor sabio es la esencia. El Absoluto controla mediante el amor y es controlado por el amor. El abrazo del amor es fascinante y recíproco, y el máximo alcance de la dulzura del amor se manifiesta plenamente en la forma de Krishna: más que cualquier otra característica del Supremo. *Krishna* describe una característica irresistible y plenamente atractiva del Absoluto como el amo de la intimidad y el juego divinos.

Los diferentes nombres del Divino (que tiene miles de nombres) encarnan sus diferentes características y ofrecen las diferentes posibilidades. El nombre de *Krishna* ofrece el potencial de entrar en una unión íntima con la Persona Divina: un amor por Dios no muy diferente (excepto en profundidad y pureza) del que sentiríamos por un amigo, hijo o amante, sin ninguna de las deficiencias o pérdidas que experimentamos ahora. Los nombres de Krishna sirven para familiarizarnos con la plenitud de nuestro ser, la plenitud de nuestra Fuente Divina y el máximo potencial del amor.

El *maha-mantra* también habla de forma indirecta, secretamente, de algo más que es muy dulce. *Rama* y *Krishna* son nombres de Krishna. *Hare* se refiere a Sri Radha, la pareja femenina de Krishna. Ella, que es idéntica a él, es la forma del amor del Ser Sensible. Ella es el receptáculo manifiesto del amor de Dios y la fuente de todas las energías (*shaktis*). Si miramos el texto del mantra—y es posible *sentir* la presencia de ella en el mantra al cantarlo—descubriremos que Radha, *Hare*, está al frente, a los lados y en la espalda de Krishna, bailando y envolviéndolo con su amor sabio: Hare Krishna, Hare Krishna, Krishna Krishna, Hare Hare/ Hare Rama, Hare Rama, Rama Rama, Hare Hare.

El *maha-mantra* habla del poder de Sri Radha para subyugar a la Persona Suprema mediante el amor sabio, ¡y al así hacerlo nos muestra que el amor es más poderoso que Dios mismo! Al cantar estos nombres, nos convertimos en receptáculos de ese amor, que conquista a nuestro Otro Divino.

Su nombre también indica su deseo, derivado de una intensa compasión, de otorgarnos a cada uno de nosotros una gota de su capacidad amorosa oceánica. Su generosidad (*kripa*) y su favor (*prasada*) hacen que el *maha-mantra* no tenga igual entre todos los mantras.

El *maha-mantra* se puede cantar en grupo o individualmente. Como la meditación mediante mantras es el principal aspecto de la práctica del *bhakti*, la tradición ha desarrollado cientos de melodías que se pueden explorar. El *maha-mantra* se reza, como parte de la meditación diaria, con la ayuda de un rosario de cuentas de oración, pero también se puede entonar sin cuentas.

Miles de versos en los textos Bhakti, así como la poesía escrita por los santos del Bhakti, describen que cuanto más se cante el *maha-mantra*, ya sea en voz alta o recitado en voz baja, más nos empapamos de la experiencia de nuestro ser, de amor sabio y el pleno potencial de una existencia variada y eterna.

Capítulo 21

Teología del nombre

El mundo religioso está familiarizado con la idea de que el nombre de Dios tiene poder. En las tradiciones que tiene como origen a Abraham, los nombres Yahweh, Jesucristo y Alá se consideran los nombres más famosos de Dios. En el budismo ateo, los miembros de la secta Mahayana invocan al Buda Amitabha. Entre los nombres más conocidos de Dios en la tradición vedántica se encuentran Shiva, Vishnu, Narayana, Rama y Krishna. La mayoría de las doctrinas hablan del poder y la santidad del nombre de Dios. El nombre de Dios es solo una de las muchas áreas del discurso, el estudio y la práctica en el estudio teológico. En la tradición Bhakti, sin embargo, encontramos una teología integral enfocada principalmente en los nombres de Dios.

La creencia religiosa predominante en la India del siglo XVI, establecía que la salvación solo estaba al alcance de los nacidos en familias de clase alta. El poder del nombre de Dios no se encontraba a disposición de las masas debido a que el valor del individuo venía definido estrictamente en esos términos. Los santos y místicos del movimiento de evangelización *bhakti* de la India lideraron rebeliones potenciadas por los santos nombres con el fin de corregir esta situación.

Santos como Tukaram, Guru Nanak, Sri Chaitanya y, antes que ellos, Kabir,—todos provenientes de diferentes sectas—, demostraron que Dios no solo es accesible, sino que está totalmente presente en su nombre. De esta manera, permitieron a todos dialogar directamente con el Absoluto desde cualquier condición de vida. No era preciso nacer en una casta determinada, ni ser alguien capacitado para renunciar al mundo: cualquiera podía sentir un poderoso desarrollo espiritual y alcanzar las mayores cimas de la realización.

Para Kabir nada era más importante, en términos de cultivo espiritual, que el nombre de Rama. Guru Nanak enfatizó *sat-nama*, "el nombre eterno", y sus textos están repletos de glorificación de los nombres Rama y Krishna. Tukaram consideraba el nombre como su maestro.

Sri Chaitanya enseñó una teología sofisticada del canto del nombre, y explicó que no solo los nombres del Supremo están investidos de todos los poderes de Dios, sino que dichos nombres no son diferentes de él. Al pronunciar el nombre de manera pura, la persona nombrada se hace presente. A medida que nuestra práctica progresa, podemos apreciar también sus cualidades y percibir sus actividades. Además, podemos capturar el afecto de Dios mediante una petición tan amorosa.

Los seguidores de Sri Chaitanya elaboraron minuciosamente los conceptos teológicos y filosóficos del nombre en numerosos y extensos tratados sobre el *bhakti*. Descubrieron en los *Vedas, Upanishads, Vedanta Sutra, Puranas, Bhagavad Gita,* y otros, los antiguos orígenes de la teología del nombre, tal como Sri Chaitanya se lo revelara.

Aunque el nombre y el Nombrado no son diferentes, Sri Chaitanya enseñó que si miramos más de cerca, descubriremos que *hay* una diferencia: el nombre es más misericordioso que el Nombrado porque llega a cualquier persona, en cualquier lugar, en cualquier momento, libremente, sin discriminación.

Capítulo 22

Prema-Kirtan

El *kirtan* de aquella persona cuyo objetivo es el amor sabio recibe el nombre de *prema-kirtan*. *Prema-kirtan* es un himno de amor que se canta en el ánimo de separación del Amado. Durante el *kirtan*, o canto grupal, el solista elige la melodía del *maha-mantra*, y los demás asistentes responden al unísono. El estilo del *kirtan* de canto inicial y respuesta del *bhakti* es tan atractivo que se ha vuelto popular incluso en círculos de yoga que no se centran en el *bhakti*.

Del mismo modo que el sonido de la música ordinaria tiene el poder de afectar una experiencia cognitiva y emotiva, el sonido sagrado tiene ese poder y más. La música ordinaria está impregnada de las ideas del compositor/cantante, las cuales se transmiten a los oyentes, que absorben el mismo estado de ánimo y comprensión. El *prema-kirtan* cantado por alguien inmerso en el cultivo de Krishna-bhakti está imbuido con todo el poder de la

Persona Divina y puede revelar en el corazón de los participantes el mundo oculto de la conciencia.

El lenguaje no es solamente léxico y gramática utilizados para comunicarse; está embebido de la cultura, las emociones y la sensibilidad de sus hablantes. De manera similar, dentro del *prema-kirtan* se encuentra la orientación conceptual del ser, nuestro Otro Divino, la relación entre los dos y el mundo de la conciencia. Como Krishna dice en la Gita (18.55): "Solo es posible tener una experiencia directa de mí a través del *bhakti*". Varios amigos recién llegados al *kirtan* han notado con sorpresa y placer que su experiencia en *prema-kirtan* del *maha-mantra* fue diferente de otros *kirtans* de yoga a los que habían asistido.

Los que alguna vez han estado enamorados, saben que estar separados de un nuevo amor es especialmente desgarrador. Cuando nuestro amado se entera de nuestro sufrimiento, él o ella desea volver a nosotros lo antes posible. Quizás nuestro amado llegue al extremo de acortar el viaje, pagando más por un billete de avión de vuelta anticipada. *Prema-kirtan* es nuestro regreso gratuito a casa, y cierra de inmediato cualquier brecha entre nosotros y la Persona Suprema. Envía una cascada sagrada de sonido a nuestros corazones para unirnos con nuestro Otro Divino.

El amor sabio, el estado trascendente del yo, se importa desde el mundo de la conciencia al mundo de la materia a través del *prema-kirtan*. *Kirtan* es el vehículo que nos transporta al mundo espiritual, donde preside el significado absoluto.

El *kirtan* es gozoso y fácil, y puede llevarte a estados profundos y meditativos. Debido a que el *kirtan* es asequible a los grupos de personas, se considera a menudo superior a la meditación individual; los aspectos generosos y tiernos del *bhakti* se extienden de manera amplia y efectiva por medio del *kirtan*.

Ya somos lo que cada uno de nosotros busca desesperadamente

ser: personas eternas, felices y amorosas. El *prema-kirtan* nos presta los ojos para percibir esa realidad en nosotros mismos. Si escuchamos y cantamos repetidamente en el *kirtan*, el amor sabio derretirá la piedra de la resistencia de nuestro corazón y disolverá nuestro ego falso, el ego usurpador.

∞

Todas las relaciones requieren atención. *Kirtan* es el acto práctico de relacionarse estrechamente con nuestro Otro Divino para desarrollar y experimentar aún más nuestro amor mutuo. Al escuchar y cantar sobre él, nos acercamos al objeto de nuestro amor. El *kirtan* prepara el corazón para unirse con nuestro Amado en un afecto puro. El *prema-kirtan*, en un acto misericordioso de suprema bondad, nos absuelve de nuestra deuda kármica y nos da un concepto positivo de nuestra relación personal con el Absoluto.

Anhelamos el yoga —la conexión con el Ser Supremo—, y en esa relación, nuestra preocupación por el deseo de cosas que limitan nuestra libertad se esfuma. Como Rumi escribió conmovedoramente: "Tuve, en una ocasión, mil deseos; sin embargo, en mi propio deseo de conocerte, todos los demás se disolvieron".

Durante el kirtan, cuando la dedicación amorosa —*bhakti*— alcanza un fervor, y nuestro llamado se vuelve urgente, el Absoluto se pone totalmente a nuestra disposición. Así, a través del *maha-mantra prema-kirtan*, se nos da entrada a nuestra propia historia de amor encantadora y eterna.

Capítulo 23

Apóstol de *bhakti*, místico extático

Sri Chaitanya trajo consigo noticias del mundo de la conciencia, el mundo de la belleza y el bien absolutos. Él inició un tsunami espiritual de amor apasionado por Dios que se extendió por todo el subcontinente indio en el siglo XVI. Sri Chaitanya llevó, como fundador del *prema-kirtan*, el canto del *maha-mantra* Hare Krishna a las calles, y miles le siguieron cantando y bailando. Mostró que el *amor* a Dios, no Dios, , es la cumbre de la trascendencia, porque el poder del amor sabio es tan atractivo que incluso la Persona Suprema plenamente autosatisfecha se subordina a él.

El amor de Sri Chaitanya por el Absoluto era como el encaprichamiento de una joven por su amante. Chaitanya encarnaba el amor de Radha por Krishna. Cualquier cosa — un jardín de flores, el sonido de la flauta de un músico, una duna de arena, un sendero en el bosque, un río, un pastorcillo con sus terneros, un pájaro cantando, el olor de una brisa moviéndose entre árboles fragantes—hacía que Sri Chaitanya recordara a Krishna y su divino *lila*. Para los devotos, toda la creación es un impulso para sumergirse en el amor sabio. De hecho, ¡la creación es una historia de amor! Al ensimismarse recordando los nombres, actividades, formas y cualidades del Supremo, Sri Chaitanya experimentó sentimientos extáticos de separación de su amado Krishna. El adoptó el talante expresado por Radha en este poético verso:

> O lord whose heart softens
> at seeing the condition of the unfortunate!
> O lord of Mathura, when will I see you?
> My heart is filled with the pain of your absence
> and is confused, O my love!
> What can I do?

El teólogo cristiano John Moffitt escribe en *Journey to Gorakhpur: An Encounter with Christ Beyond Christianity (Viaje a Gorakhpur: encuentro con Cristo lejos de la cristiandad)*:

> De todos los santos en la historia escrita, oriente u occidente, él [Sri Chaitanya] me parece el ejemplo supremo de un alma arrastrada por una marea de amor extático de Dios. . . . Su vida en la ciudad sagrada de Puri es la historia de un hombre en un estado de embriaguez espiritual casi continua. Los discursos iluminadores, la contemplación profunda, los humores de comunión amorosa con Dios, eran acontecimientos cotidianos.

Sri Chaitanya explica que cuando lo relacionamos todo con el Absoluto, nuestras vidas adquieren las cualidades del Supremo. Por mediación del contacto con esta misericordia, el reino inconcebible se abre a nuestra vista y experiencia. Al recordar al Absoluto y servir en separación—con una emoción elevada de anticipación y necesidad—, el ser es conducido rápidamente a presencia de su Amado. Gracias al prema-kirtan de Sri Chaitanya, se nos ofrece un método para sentir la experiencia del amor de Radha por Krishna, un amor que captura el corazón de Dios y nos hace quererlo.

El estudioso Klaus Klostermaier escribe que, de todas las tradiciones en la India, "tal vez el sistema más sutil y detallado de ascenso gradual hacia Dios por medio del amor se ha desarrollado en la escuela Chaitanya del Vaishnavismo [*bhakti*]".

Aunque el *prema-kirtan* provocó emociones profundas en Sri Chaitanya y sus seguidores, el camino de la devoción se fundamenta plenamente en la razón, la filosofía/teología *Vedanta*, la práctica debida y la disciplina espiritual. El término *amor sabio* nos recuerda los dos carriles del Bhakti: racional y emotivo, lo que nos instruye que el *bhakti* tiene que estar bien informado para madurar plenamente en amor sabio.

Sri Chaitanya viajó por la India a pie durante años para entregar el *bhakti* a las multitudes. Y cuando llegó a Varanasi (Benarés), la cuna intelectual de la filosofía no dual creó una conmoción: aquel joven mendicante no se estaba comportando según los códigos védicos: o eso creían. Se mostraba emocional, informal y aparentemente no estaba centrado en el conocimiento como los Adwaitas.

Prakashananda, el sannyasi y cabecilla estudioso de miles de no dualistas, criticó inicialmente a Sri Chaitanya, calificándolo de farsante emocional. Se organizó un debate. Cuando terminó el debate Prakashananda, erguido frente a una gran cantidad de sus seguidores, afirmó: "Tú explicaste los códigos de los *Vedanta Sutras* y *Upanishads* tal como son y me iluminaron incluso a mí. Por favor, explica más detalladamente los *Sutras* para que todos podamos beneficiarnos plenamente". Después del debate, Prakashananda y sus seguidores tomaron el camino del *bhakti*.

Un incidente similar ocurrió en la ciudad de Puri, donde Sarvabhauma Bhattacharya, famoso en toda la India como un gran lógico, además de ser el sabio ministro de filosofía en la corte del rey Prataparudra, debatió con Sri Chaitanya. Tras el debate, Sarvabhauma comenzó a enseñar metafísica Bhakti. Siguiendo su ejemplo, la mayor parte del estado y el rey se acogieron al *bhakti*.

Sri Chaitanya departió con los mejores filósofos, lógicos y teólogos de su época a lo largo de sus viajes, durante los cuales cobró fama de notable estudioso clasificado entre los principales de la India, como Patanjali, Kapila, Shankara, Ramanuja y Madhwa. Instruyó a sus discípulos sobre la metafísica del Bhakti presente en el Vedanta, centrándose en el *Bhagavata*.

Sri Chaitanya describe el *Vedanta* como un árbol de textos sagrados en donde crece el *Bhagavata*, su fruto más maduro, listo para caer en las manos de cualquiera en busca de alimento. Escuchar y estudiar el *Bhagavata* con una persona que encarne los principios del *Bhagavata*, dice, estabiliza a los practicantes gracias a dos puntos de apoyo seguros y sólidos: los textos sagrados y las compañías sagrada. Esta estabilidad, a su vez, constituye la base de una vida espiritual fundamentada en el conocimiento y la ética, mediante los cuales el amor sabio puede crecer y prosperar.

La metafísica de Sri Chaitanya y sus éxtasis sorprendentes e incomparables se enseñan en su biografía *Sri Chaitanya Charitamrita*, una obra madura de erudición teológica. El autor del libro, Krishna Dasa Kaviraja, consideraba a Sri Chaitanya el símbolo vivo del amor divino en separación.

El *éxtasis* se refiere al tipo de emoción divina que puede

llevarnos al reino inefable del que Sri Chaitanya hablaba cada vez que regresaba de sus muchos trances espirituales. Habló de acceder al reino del amor sabio, un reino disponible para cada persona en cualquier posición, en cualquier momento, sin costo, sin ritual, con o sin un corazón puro: simplemente cantando el *maha-mantra* Hare Krishna de manera humilde. La humildad en la práctica espiritual es una virtud fundamental. Aunque los éxtasis de Sri Chaitanya fueron esotéricos, su fórmula para vivir una vida espiritual es práctica, directa y accesible.

Sri Chaitanya nos orienta hacia el yo, nos impulsa a usar todo lo que tenemos y somos como una ofrenda al Supremo y nos guía a cantar los nombres divinos y beber la sabiduría del néctar del poético *Bhagavata*. Cuando cantamos con una súplica sincera desde el corazón, el Absoluto se hace nuestro. Esto, dice Sri Chaitanya, es el objetivo más importante de la vida, y quien logra este objetivo final, se asegura un lugar en la patria del corazón.

La aguja de la brújula

*Cuando llegue el último momento
de la vida, y miremos hacia atrás,
lo único que va a importar es:
"¿Cuál fue la calidad de mi amor?"*
                    RICHARD BACH

Nada es imposible para el amor puro.
                    MAHATMA GANDHI

Capítulo 24

Amor sabio

Existe un amor en el cual la fusión de los corazones es total, un amor que permite experimentar una unión suprema y esencial. Este amor es nuestro mayor anhelo. El amor significativo en su estado incondicional y puro alimenta cada una de nuestras acciones y subyace a cada una de nuestras aspiraciones: más buscado que el conocimiento, la riqueza, la comunidad, la fama, el honor y una gran lista de otros logros. Sin embargo, parece que no podemos aferrarnos a nuestro amor ideal de forma permanente, aunque percibamos su gran potencial y escuchemos la llamada al alma.

Cuando el amor sabio entra en contacto con la materia, la intensidad y naturaleza de sus cualidades se ven adulteradas y amortiguadas. Prendados de lo que parece ser disfrute mundanal, desleímos nuestro amor sabio en un amor ordinario y poco confiable.

Parece que el amor, por grande o modesto que sea, está teñido de egoísmo en este mundo. Debemos saber que lo que tomamos por amor, no es otra cosa que el amor sabio transformado. Una ligera impureza puede estropear el potencial del amor para expresarse puramente —como una gota de tinta que se derrama sobre una tela blanca—, porque en algún momento, incluso el amante más sincero cae presa de sus necesidades o motivos personales. En ese instante, la esperanza del amor impecable resulta falsa, y el codiciado cenit del amor parece manchado para siempre, para siempre poco de fiar, perdido para siempre.

Para que nuestra experiencia de amor se despliegue en todo su potencial, debemos estar dispuestos a ajustar nuestra vida a una postura receptiva que invite al amor puro. El Bhakti yoga nos promete esta posibilidad en tres etapas de desarrollo.

Un mango verde es un mango que, con el tiempo, se volverá maduro, jugoso y sabroso. No es un tipo de fruta en su etapa verde que luego madurará para convertirse en una fruta diferente. El practicante del *bhakti* (*bhakta*) que acaba de entrar en el camino es como un mango inmaduro. Por medio del proceso de maduración natural del cultivo espiritual, el *bhakti* del *bhakta* madura completamente. El Bhakti progresa en respuesta al método del practicante a través de estas tres etapas.

(1) práctica obediente con un sentimiento de obligación que se convierte

(2) acción espontánea y éxtasis, que luego

(3) florece completamente en el cenit del amor sabio.

Con el tiempo y un cultivo consciente, las acciones basadas en el *bhakti* nos llevan de una etapa a la siguiente, llegando a ser una segunda naturaleza a medida que se comprende el estado emotivo más elevado y se vuelve espontáneo.

El *bhakti* es el único sistema de yoga donde los medios y la meta son idénticos. En la primera etapa de la práctica, llevamos a cabo las mismas actividades a las que se dedican las almas perfeccionadas en el cielo espiritual. Todos en el mundo de la conciencia están felizmente absortos hablando de las actividades, cualidades, belleza, charlas y canciones de su Supremo Amigo y Amado. Llevan a cabo actividades para hacerlo feliz, sumergiéndose así en una unión extática y haciéndose querer por él. Cuando la Persona Divina sonríe y muestra su ternura, ellos se llenan de éxtasis más allá de toda medida.

Siguiendo su ejemplo, podemos transformar nuestro mundo en el mundo espiritual. Simplemente escuchando y hablando sobre la variedad ilimitada de pasatiempos del Supremo descritos en el *Bhagavata*, o actuando en dramas, danzas y otras formas de arte, relacionándonos estrechamente con otras almas devotas similares, cantando los santos nombres, ofreciendo nuestro tiempo y servicio a otros en agradecimiento por todo lo que hemos recibido, y al ofrecer todos nuestros actos al Supremo, transformamos nuestras vidas y el mundo que nos rodea.

La diferencia entre un estilo de vida de *bhakti* y uno mundano es simple: en el *bhakti*, colocamos afectuosamente al Supremo, que es nuestra fuente y refugio, en el centro de nuestras vidas.

Por imperfectos que seamos, la práctica del *bhakti* nos involucra inmediatamente en acciones perfectas y sencillas sin preocuparnos por nuestras deficiencias:

ananyash cintayanto mam
ye janah paryupasate
tesham nityabhiyuktanam
yoga-kshemam vahamy aham

> Pero a aquellos que siempre me adoran con devoción exclusiva, meditando en mi forma trascendental, les llevo lo que les falta y conservo lo que tienen.
>
> — *Gita* 9.22

Al cambiar nuestro enfoque, experimentamos cuán drásticamente pueden cambiar nuestras vidas: el curso de nuestras vidas se ve alterado por las compañías que frecuentamos, los libros que leemos, los pensamientos que pensamos, las palabras que hablamos y las acciones que realizamos.

Es probable que hayamos escuchado historias trágicas de personas que hicieron amistad con personas tóxicas y resultaron perjudicadas, o se volvieron dañinas ellas mismas. También hemos escuchado relatos de personas que eligieron compañías humanitarias y lograron éxitos fenomenales. En pocas palabras, si queremos llegar a ser espirituales, colocaremos a la Persona Suprema en el centro y nos rodearemos de personas espirituales, sonido espiritual, pensamiento espiritual, comida espiritual y acción espiritual.

En ese sentido, el *bhakti* es una práctica sensata. ¿Cómo amamos a la Persona Suprema? Al igual que nosotros, él es un ser sensible. Entonces, ¿cómo podríamos amar a alguien?

Podríamos invitarle a cenar, planificando el menú pensando en los gustos de dicha persona. Compramos, seleccionamos los ingredientes más selectos y los preparamos para complacerle, mientras pensamos en sus cualidades más atrayentes. Ponemos la mesa con cuidado, y luego, cuando llegue la persona, le ofrecemos atentamente la comida que hemos preparado. Se trata de hacer lo mismo por la Persona Suprema. Cuando amamos a alguien, hablamos de tal persona e incluso podemos cantar sobre él/ella. Podemos hacer lo mismo por la Persona Suprema.

Cuanto más comprendemos que nuestra Fuente es una persona, más descubrimos nuevas formas de entablar una relación amorosa con él. Cuando amamos a alguien, hacemos lo necesario para nutrir nuestro amor. Si expresar nuestro amor exige trabajo, no lo consideramos trabajo.

A medida que cultivamos el *bhakti*, centramos nuestra inteligencia escuchando sobre la persona que amamos y las enseñanzas que respaldan ese amor. Luego aplicamos de manera activa e integral lo que hemos escuchado a nuestras vidas, adaptando nuestros pensamientos y comportamientos. Cada vez que escuchamos algo nuevo y lo aplicamos, descubrimos estratos más y más profundos del ser. De esta manera, llevamos la cabeza (razón) a una síntesis con el corazón (emociones), y, gradualmente, el amor sabio se eleva sobre el horizonte.

Cuando el corazón comienza a desbordar de riqueza, mediante la reciprocidad con nuestro Amigo Supremo, entonces podemos vivir en el mundo como amantes y dadores de corazón abierto. Y no corremos el riesgo del desamor porque nuestro sustento proviene del amante infalible. Solamente así podremos amar verdaderamente a nuestro prójimo como a nosotros mismos y dejar atrás la visión sesgada de un mundo poblado de amigos y enemigos. El corazón puro se expande fácilmente para incluir a todos los seres y ve la semejanza de todas las almas.

Sumergirnos en el amor sabio no es un proceso de "tipo fórmula" gracias al cual se alcanza el objetivo en siete sencillos pasos. Es una elección respaldada por un estilo de vida. El amor cultiva el amor. El amor sabio es una joya inestimable, y comprarlo requiere la inversión de nuestro propio ser.

Capítulo 25

La cultura de dar

El amor se nutre del servicio y el sacrificio. Ser un amante significa servir. Del mismo modo que el azúcar es dulce, el agua húmeda, la roca dura, el cielo azul y el fuego caliente, de forma parecida nuestra naturaleza consiste en amar como sirvientes y entregarnos. ¡Servimos en el trabajo, servimos en casa y servimos durante las vacaciones (cargando, transportando, dando regalos)! Servimos a amigos, familiares y mascotas. Servimos a nuestras comunidades y a la nación. Incluso servimos a ciertas cosas. Y, con un poco de introspección, descubriremos que al confundir los intereses del yo con los deseos mentales y sensuales, nos convertimos en sirvientes de dichos deseos en lugar del yo real.

Es imposible escapar del servicio porque el servicio es nuestro dharma o naturaleza constitucional. Sin embargo, podemos elegir a quién y a qué serviremos. Cuando elegimos servir a nuestra Fuente, elegimos un amor puro que llega a todos. Si deseas que un árbol crezca, debes regar sus raíces. El riego de las hojas, ramas, corteza—las partes periféricas del árbol—nunca mantendrá el árbol. Sediento, no tendrá la fuerza para dar fruto y eventualmente morirá.

De manera similar, los frutos del amor sabio maduran cuando ofrecemos servicio y sacrificio—dando—al Absoluto, la raíz de la existencia. El Supremo se arrebata de amor, corresponde nuestro amor y distribuye el néctar a todos nuestros otros amores—amigos, familia, nación, la tierra—, del mismo modo que el agua absorbida por las raíces de un árbol se distribuye equitativamente entre todas sus demás partes.

El servicio suele tener una connotación negativa: a menos que solicitemos ser los atendidos, momento en el que valoramos la atención excepcional. Quizás retrocedamos ante la idea de ofrecer servicio porque equiparamos servicio con servilismo: al igual que tendemos a confundir el sentimiento con el sentimentalismo. Pero el sentimiento y el servicio son aspectos saludables del ser, mientras que el servilismo y el sentimentalismo pueden ser debilidades o desequilibrios. Servir y dar son atributos gloriosos que riegan la raíz del árbol del amor sabio.

Al participar tanto en el servicio como en el sacrificio, somos felices. Los estudios demuestran que dar es beneficioso para la salud y promueve comunidades fuertes. Un estudio observó que los participantes eran más felices cuando le daban algo a alguien que cuando lo compraban para sí mismos. Sin embargo, estas no son las razones por las que el Bhakti premia el acto de donar.

Al dar y ofrendar nuestras tendencias naturales, nos separamos del deseo de complacer la mente y el cuerpo, y a medida que los deseos egoístas se retiran, también lo hace la necesidad de explotar el mundo. Al dar desmantelamos al falso yo. Dar es el medio práctico, efectivo y directo para limpiar el ego y liberar al ser.

Dar es además gratitud compartida. Dar es parte de la red de la vida. Podemos responder a la abundancia de obsequios que hemos recibido: podemos actuar con agradecimiento y dar de vuelta, o podemos actuar con egoísmo, tomar lo que se nos ha dado y quedar aún más endeudados. Cuando actuamos para el Supremo sin apegarnos a los resultados de nuestro trabajo, nos liberamos. Las acciones realizadas con motivos egoístas nos atan.

El sol nos permite ver, y por ello podemos dar gracias al sol. Los científicos nos han dado beneficios tecnológicos y médicos; por lo tanto, damos gracias a quienes han dado o están dando la energía de sus vidas para lograr estos fines. El aire, los alimentos y el agua –todos los regalos de la naturaleza y los facilitados por la tecnología–, tienen un costo, ya sea que hayamos pagado directamente por ellos o no. No vivimos en el vacío. La naturaleza nos ayuda, así como aquellos que vinieron antes que nosotros, y aquellos que están con nosotros ahora.

Descubriremos que para reprimir el impulso de apropiarse, que parece acompañar nuestro deseo de ser el centro del mundo y el de los demás –pretendiendo ser el amo del mundo– la gratitud amorosa es de gran ayuda. Dar y sacrificar son ejercicios maduros, nobles y virtuosos del corazón que nos benefician más a nosotros que a los propios receptores. El dar magnifica las cualidades inherentes del ser. El ego que sirve abre nuestros ojos a oportunidades ilimitadas para espiritualizar cada aspecto de nuestras vidas. Un ego que sirve desmantela la dualidad y la falta de armonía que causa el ego falso. Aunque todo dar es bueno porque nos ayuda a practicar nuestra cualidad natural espiritual, dar a nuestra Fuente sin esperar nada a cambio es la forma más elevada de dar y atrae la misericordia que necesitamos para conducirnos de vuelta al hogar.

Tenemos ejemplos ordinarios de cómo el corazón puede superar a la cabeza. Tal vez hemos visto noticias de algún transeúnte que se lanza al interior de una vivienda en llamas tras escuchar los gritos de un niño atrapado. El héroe puede que haya salido a caminar en un día cualquiera, pero las circunstancias revelaron cuan extraordinario es. El reportero pregunta "¿Cómo pudiste desafiar las llamas? ¡Podrías haber muerto!" El héroe responde: "No lo pensé. Escuché al niño llorar y me metí en el edificio". El hombre dejó claramente de lado sus propios intereses.

Mientras permanezcamos en el ámbito material, se nos alienta a servir tanto a nuestra Fuente como a la humanidad con una comprensión armoniosa de estas relaciones. Y necesitamos comprender la naturaleza de estas interrelaciones. Servir a Dios a costa del servicio a la humanidad es malinterpretar a Dios. Y servir a la humanidad a costa del servicio a Dios es malinterpretar a la humanidad.

Capítulo 26

La ética del amor

El Bhakti, como ocurre con otras tradiciones espirituales y religiosas, considera ético un compendio de cualidades y comportamientos y, de acuerdo con esto, identifica códigos de conducta que apoyan el desempeño espiritual de cada individuo. Pero el *bhakti* es también muy sencillo y pragmático en su enfoque. Lleva siglos practicándose tanto en *ashrams* (centros monásticos) como en hogares.

Se dice que quien practica *bhakti* desarrollará automáticamente veintiséis cualidades excelentes. Por ejemplo, te vuelves manso, sincero, humilde, caritativo, sin deseos, respetuoso, desapegado, alegre, auto controlado, grave, no violento y compasivo, entre otras cosas. Estas cualidades se desarrollan gracias a la relación con el Supremo, que es el receptáculo de todas las cualidades excelentes. Del mismo modo que el hierro se pone al rojo vivo al acercarlo al fuego hasta el extremo de actuar justo como si de fuego se tratara, también el yo recobra su naturaleza divina al escuchar, hablar, recordar y servir al alma de la conciencia, nuestro Otro Divino. La cultura del *bhakti* defiende la libertad del individuo. La individualidad es sagrada para el yo; el libre albedrío y tener opciones, ambos partes integrales de la individualidad, son igualmente valorados. El camino del Bhakti nos faculta para tomar decisiones. ¿Qué es el amor sino una expresión del libre albedrío?

¿Cómo sabemos qué elecciones tomar en el ámbito ético de un mundo material en constante cambio? Después de todo, las normas éticas son como hitos variables según la época, el lugar y las circunstancias. A medida que vamos experimentando, el conocimiento del mundo se redefine y expande continuamente. Krishna dice en la *Gita* que el mundo es mutable perennemente. En otras palabras, el mundo está en constante cambio y nunca podrá ser conocido en su totalidad. Sin conocimiento perfecto, ¿cómo podemos tomar decisiones éticas correctamente? La información, como solemos decir, es poder, y aprender sobre el mundo del que antes no éramos conscientes puede cambiar nuestros valores y nuestra ética.

Por ejemplo, en el célebre libro *La vida oculta de los árboles: lo que sienten y cómo se comunican*, Peter Wohlleben, un científico forestal que se ha dedicado a los árboles toda su vida, revela pruebas científicas de que los árboles sienten y se comunican, tienen personalidad, cuidan a los vecinos enfermos, advierten a otros árboles del peligro y amamantan a sus hijos. En resumen, los árboles son seres sociales.

Wohlleben escribe: "Cuando sabes que los árboles experimentan dolor y tienen recuerdos y que los padres de los árboles viven juntos con sus hijos, ya no puedes simplemente cortarlos e interrumpir sus vidas con maquinaria enorme". Para algunos, la información detallada que presenta en su libro ha sido suficiente para cambiar sus decisiones morales con respecto a lo que consumen y compran en relación con los productos hechos de madera.

Esto es lo requerido. La vida espiritual es dinámica, no estática. La vida material en sí misma es compleja e invita a la pregunta: ¿Qué principios utilizamos para tomar decisiones? Incluso los ateos reflexionan: ¿Cuáles son los fundamentos éticos de nuestras vidas?

La virtud es buena. Pero como leímos en el capítulo ocho, tanto la virtud como su opuesto son cualidades materiales que nos adhieren a la materia por medio del karma. Queremos ir más allá de la virtud y la no virtud; queremos alcanzar la trascendencia. Sin embargo, para nuestro proyecto, la virtud es benéfica. El acto de saltar para poder alcanzar un lugar más alto exige una base sólida en el suelo. Mi objetivo es dejar el terreno en el que estoy, pero es el propio terreno el que me ayudará a saltar. La virtud, declara la *Gita*, es el terreno sólido desde el cual podemos impulsarnos más fácilmente hacia la trascendencia. La ética y los códigos de conducta facilitan nuestra capacidad de conectarnos con nuestro yo y nuestro Otro Divino.

¿Cómo recorre un *bhakti* yogui las decisiones complejas sobre lo que es ético y bueno? Si es favorable para el *bhakti*, lo incluimos; lo que sea desfavorable para el *bhakti*, lo rechazamos.

La ética del *bhakti* es benéfica para nosotros y para los demás, y buena para la tierra. Ya sea que elijamos qué comer, vestir o conducir, tener o no tener un hijo, o aceptar un empleo en particular, trasladarnos o, en decisiones más complicadas, como cuando decidimos si sacrificar una mascota o cuidar personalmente a un padre achacoso, podemos mirar a través de la lente del *bhakti* para decidir. La lente del *bhakti* se ajusta a todo tipo de luz: siempre y cuando seamos honestos. Algo puede parecer adecuado para el cuerpo o placentero a la mente, pero ¿acaso ayuda en nuestra búsqueda del *bhakti*? Si no es así, lo rechazamos, y si ayuda a nuestro proyecto espiritual, lo aceptamos.

Nuestro sentido del bien y del mal dejará de adaptarse a lo que digan la mente y los sentidos, en vez de ello se plegará a lo que agrada a nuestro Amado Supremo. Y vamos conociéndolo al escuchar sobre su naturaleza, cualidades, actividades y amigos. A medida que se desarrolla nuestra presentación a la Persona Suprema, nuestros ojos se humedecen con el ungüento del amor y comienza a emerger un encantador retrato de la dulzura personificada. Y a medida que navegamos concienzudamente por las complejidades de la vida, la base ética sobre la que se lleva a cabo el *bhakti* comienza a adquirir las características del mundo interior del amor.

Capítulo 27

Humildad

Humildad significa vaciarse del espíritu de disfrute para que el alma pueda alzarse sobre la materia. Esta cualidad se desarrolla a medida que desmantelamos el ego falso y nos situamos en nuestro ego real y de servicio. La humildad es una característica de la conciencia. Cuando los cuatro Kumaras, sabios Adwaitas, visitaron a Krishna en Kurukshetra, se maravillaron: "Estamos asombrados por el alcance de vuestra prosperidad y la pompa mostrada en esta asamblea. Pero lo más llamativo es tu humildad frente a nosotros. Vemos que la prosperidad y la humildad, aunque de naturaleza contraria, coexisten armoniosamente en ti".

El yo desarrolla cualidades en relación con el entorno: de una vida centrada en la materia surge la arrogancia; de una vida centrada en el espíritu surge la humildad. En su camino hacia el hogar, el yo pasa por dos etapas de humildad. Inicialmente, sentimos remordimiento por nuestro continuo apego a la auto complacencia, a pesar de haber aprendido que somos seres espirituales sin necesidad de disfrute material. Se necesita tiempo para cambiar los hábitos, y es humillante ver cuán condicionados estamos, cuán vasto es el esfuerzo para autorrealizarse y cuán lejos estamos de lograr el éxito. Puede que parezcamos confiados y asertivos desde fuera, pero el percibir nuestra situación con respecto a la distancia entre el amor egoísta y el amor desinteresado es aleccionador. Es necesario contar con *kripa*, misericordia, para poder salvar dicha distancia. Reconoceremos la misericordia cuando haya cedido nuestra vacilación a la hora de abrazar nuestra espiritualidad y nos situemos más firmemente en nuestras vidas como seres espirituales. Así pondremos en práctica nuestra convicción: "Soy un amante y un sirviente, y no este cuerpo hecho de materia".

Más adelante, a medida que nos apartamos más del deseo de disfrutar, llegamos a la puerta del Infinito. Allí, en presencia del Infinito por primera vez, vislumbramos el significado completo de lo que significa ser finito y dependiente. La humildad innata del ser se manifiesta por completo; percibimos cómo nuestra Fuente nos ha amparado, así como su corazón y encanto acogedores.

La humildad da origen al amor sabio, y el amor sabio produce humildad. Cuando la humildad madura por completo, el amor sabio se desarrolla sin límites. En el amor sabio, la humildad inspira al ser a que lo entregue todo alegremente –sin reservas–, al Infinito.

La humildad del alma, junto con sus otras cualidades naturales como la tolerancia, la veracidad, la misericordia, la compasión, la firmeza, la paz, el amor, la bondad hacia todos y más, son expresiones inherentes de la conciencia. Son cualitativamente diferentes de las cualidades y emociones que surgen de nuestra psiquis material, por mucho que se parezcan entre sí en ocasiones.

Por ejemplo, podemos encontrar a alguien que parece humilde, pero al examinarlo más de cerca descubrimos que su comportamiento se debe en realidad a una disfunción psicológica. Tal vez las experiencias de la infancia le hayan enseñado a usar la inseguridad y la timidez para cubrir su narcisismo y obtener lo que quiere. En otras palabras, no todo lo que parece ser humildad es verdadera humildad. Las disfunciones psicológicas como el perfeccionismo o la adicción al trabajo parecen buenas en una cultura que valora el trabajo, pero son solo las sombras de otras verdaderas cualidades y en realidad pueden ser perjudiciales para nuestro crecimiento espiritual. Las virtudes verdaderamente espirituales provienen de un ámbito de plenitud espiritual y conocimiento del yo.

La humildad puede resultar aterradora. Tal vez nos preocupe la humildad porque creemos que nos sentiremos insignificantes o impotentes, y este mundo no es un lugar donde se pueda vivir sin protección. Tal vez nos inculcaron de niños la humildad a la fuerza en una institución religiosa, y dicha cualidad se vinculaba a la vergüenza y la culpa. Quizás la humildad ha sido glorificada como un medio para hacer cumplir leyes éticas y morales con las que ya no estamos de acuerdo: dejándonos de nuevo avergonzados o llenos de culpa. La humildad puede evocar escenas de aceptación del abuso, el servilismo, la auto-negación o simplemente subestimarnos por debajo de los demás. Todos estos tipos de humildad pueden considerarse peligrosos en un mundo donde todos son cazadores o presas. La humildad basada en la sabiduría y el amor tiene la habilidad atractiva, pero bien definida, de proteger al yo de abusos innecesarios. Recordemos, rechazamos lo que es desfavorable para nuestra práctica del *bhakti*: nos protegemos de que otros se aprovechen de nosotros.

La humildad es segura en valor espiritual, porque es una posición de verdad. También es una riqueza que se multiplica en más cualidades y atrae compañía espiritual genuina hacia nosotros. Cuando reconocemos nuestra posición en relación con el Infinito, nos mantenemos confiados con una perspectiva clara y honesta. Nos volvemos conscientes de nuestro potencial y nuestros dones. Y podemos relajarnos, tranquilizándonos en la comodidad de la rendición total, dejándonos voluntariamente de espaldas en los brazos de nuestro leal amigo.

Al adoptar la postura aparentemente negativa de la humildad, obtenemos el poder de atraer la generosidad, el amor y el refugio del Absoluto, que es una fuerza magnética positiva. Cuando nosotros, las pequeñas unidades de conciencia que somos, manifestamos humildad honesta, rápidamente nos encontramos en presencia del Supremo, donde todo juicio termina y tenemos protección total. Esta experiencia de protección crece y se vuelve innegable a medida que nuestra práctica y nuestra relación con el Supremo madura. Aceptar nuestra posición finita no es afirmar que no importamos, sino entender que simplemente somos parte de mucho más de lo que imaginamos.

Mantener la tensión entre la humildad y el empoderamiento parece contradictorio, pero ambos tienen lugar en la confianza natural. Ponerse en contacto con lo espiritual es tan magnífico que nos proporciona una lección de humildad –¿quiénes somos nosotros para entrar en contacto con tal poder, misericordia y amor?–. Y, sin embargo, nos sentimos facultados y plenos como un receptáculo de portento y una agencia de amor.

Y así, paradójicamente, la humildad nos hace felices: aunque solo sea porque experimentamos el alivio excepcional de no tener que fingir que somos más de lo que somos. Y a partir de esa aceptación natural de nosotros mismos, nos relacionamos estrecha y constantemente con el Absoluto, quien nos ama.

Capítulo 28

Función de la compasión en la escala del amor

El amor sabio es música eterna que expresa sentimientos pluridimensionales que dan lugar al baile de celebración del yo. Se requiere compasión para desarrollar la melodía del amor. La compasión es más grande que la empatía, porque es más que una emoción o un estado de ánimo. La compasión de la que estoy hablando es más que un rasgo transitorio de la personalidad. Cuando se expresa de manera consistente y se basa en una visión del yo, se convierte en los primeros rayos del amor sabio del yo real. Así, al dedicarme a desarrollar la compasión, estoy comenzando mi viaje hacia el amor que busco. Cuando veo a todos los demás seres como unidades de conciencia tan dignas y valiosas como yo, siento simpatía por su sufrimiento. Este estado interno, basado en un principio genuino de la realidad, produce sentimientos que me motivan a actuar: y cuando está completamente desarrollado, me impulsa más allá de cuidar solo de mi familia, comunidad o nación, o un género en particular, o una especie específica; me impulsa a cuidar a todos los seres.

La mayoría está de acuerdo en que todas las personas tengan acceso a alimentos, agua potable, vivienda, educación y atención médica. Apreciamos la importancia de poner fin a la violencia doméstica y frenar otros actos de violencia basados en la raza, el género, el origen étnico o la religión. Sentimos empatía cuando escuchamos y vemos imágenes de eventos angustiosos como tiroteos en escuelas, asesinatos por honor, bombardeos, terremotos, tsunamis y niños hambrientos o enfermos.

La compasión nos llama a ir más allá de nosotros mismos y dar algo a estas personas. ¡Y qué dicha nos aguarda cuando nos trasladamos al otro extremo de la pequeñez de la mente o la inmovilidad del corazón y actuamos de hecho de acuerdo con ese deseo!

La *Bhagavad Gita* explica que el Divino está presente en los actos de sacrificio. Como hemos oído, el amor nace del seno del sacrificio y se nutre del servicio. Cuando nos entregamos mediante el sacrificio, la sabiduría y la alegría resultantes nos hacen sentir como un dique que acaba de abrirse e inunda un cauce seco, apagando nuestra sed de significado y valor. Nuestros corazones se sumergen en los inconmensurables dones del afecto debido a que las aguas de la compasión nos rodean con cualidades, intuición e inclinaciones que refuerzan aún más nuestro crecimiento personal, la percepción interna para comprender nuestro ser y nuestro propósito, y nos facultan con la capacidad de dar nuestros regalos al mundo. El ser adquiere sabiduría al ejercer la compasión, para llevarla a través de sus propias experiencias de angustia y pérdida.

La compasión se despliega en oleadas. Primero nos humedece cuando aquellos que amamos necesitan ayuda. A menudo respondemos automáticamente y, al hacerlo, aprendemos a reconocer los mecanismos internos de la compasión: su percepción de la realidad, la motivación detrás de querer servir, sus cualidades altruistas y la euforia resultante cuando vamos más allá de nuestras comodidades para ayudar a los demás. Realizar actos compasivos nos satisface plenamente, y eso permite ganar experiencia en el sacrificio y el servicio. Mediante dichas acciones, preparamos el corazón en nuestro cultivo del amor sabio.

Después de servir a familiares y amigos, estamos equipados para ampliar nuestra compasión a las personas fuera de nuestro círculo cercano, siempre extrayendo agua de nuestro río de compasión, basada en el conocimiento del ser y su relación con su Fuente compasiva.

Cuando estemos verdaderamente presentes en el mundo que nos rodea, escucharemos gritos de angustia clamando ayuda. Estos gritos tocan una fibra en nosotros, y alabamos a quienes son lo suficientemente valientes como para responderles. Pero el flujo de la compasión puede ser reprimido si tenemos una idea equivocada acerca del yo —el nuestro y el de los demás—, así como también un egoísmo paralizante. Si compartimos con los necesitados —y cuán infinita es la necesidad en este mundo—, ¿habrá suficiente para nosotros? Indudablemente tendremos suficiente, pero solo cuando ya no necesitemos nada de nadie, porque habremos conectado satisfactoriamente con nuestra naturaleza inagotable. Y no nos agotamos, porque recibimos la guía para cuidar compasivamente de nuestro propio cuerpo sagrado.

El yo se asienta en el corazón acompañado por el Ser Superior, que está sentado a su lado. El suministro ilimitado de compasión del Ser Superior está a nuestra disposición: él es el receptáculo del que nos nutrimos. Nos ponemos en contacto con el Ser Superior cuando escuchamos nuestra voz interior. A medida que aprendamos a escuchar su guía en lugar de los impulsos de la mente y el cuerpo, nos adecuaremos a nuestra verdadera naturaleza, trabajaremos inteligentemente dentro de los límites físicos del cuerpo y, finalmente, descubrimos que tenemos una gran cantidad de poder sin explotar.

Las prácticas del *bhakti* no se limitan a controlar la mente mientras se medita durante ciertos períodos de tiempo. Por el contrario, nuestras prácticas nos inspiran a vivir nuestra meditación en el corazón al servir el mayor bien de los demás. Centrados en el conocimiento de que la verdadera felicidad de cada alma radica en despertar del sonambulismo hipnótico que actualmente absorbe a la mayoría de las personas, querré compartir la conciencia del ser y cómo cada persona puede despertarse al yo real. Anhelaré darles a las personas esperanza para su futuro y aumentar su entusiasmo para alcanzar su máximo potencial como seres espirituales, lo que les ofrece posibilidades mucho mejores que la mayor aspiración material.

Actuar de manera compasiva es una de las maneras en que elegimos expandir nuestra conciencia y evolucionar como seres humanos: una elección que enriquece nuestras vidas llenándolas de significado, de un modo que nunca hará el acumular y poseer cosas o posiciones.

La razón principal por la que estoy aquí en este mundo es el desarrollo de mi conciencia. Cuando mis actos y elecciones reflejan mi brillante yo central, alcanzo el hogar. Mi hogar no es tanto una ubicación física como una forma de ser. El hogar está en el corazón, el asiento de la conciencia. Cuando llego al hogar, entonces estoy listo para la gran alegría de transmitir mi experiencia a otros, para que ellos también encuentren su hogar y estén facultados para ampliar la compasión ilimitadamente.

La labor de expandir y actuar en la plataforma espiritual es absorbente y divertida. A medida que nos adaptamos a la luz percibida a través de nuevos ojos, observamos gradualmente un espectro coloreado del amor previamente desconocido para nosotros. La compasión fluye naturalmente mediante un enfoque constante en el yo y su Fuente. Siendo compasivos con nosotros mismos, nos damos cuenta de que nos amamos: que somos dignos de amor. Nuestro vacío o nuestro deseo, nuestros sentimientos de desequilibrio, desaparecen. Ahora sabemos nuestro propósito de estar en el mundo: somos receptáculos de amor y compasión y somos felices cuando expresamos plenamente quiénes somos.

Esta capacidad de centrarse en el yo real, prestando poca atención al yo falso, conduce a otras visiones importantes: modos de percepción que fomentan la *compasión profunda*.

Capítulo 29

Compasión profunda

Más allá de la compasión convencional está la compasión profunda del Bhakti. La compasión profunda no está centrada en las especies. La misma revela, y luego destruye, la causa raíz de todo sufrimiento. La compasión profunda es la compasión del espíritu y busca eliminar las aflicciones espirituales de todos los seres. La compasión ordinaria es a menudo un intento de responder al sufrimiento material de los humanos y, a veces, dentro de una aplicación más definida, los animales y el planeta. Pero el sufrimiento en el mundo nos pide que expresemos una profunda compasión por la tierra y todas las especies.

La palabra *profunda* en este contexto significa dos cosas: la compasión inmediata hacia todos los seres animados (como unidades de espíritu, todos los seres sensibles tienen conciencia), y actuar compasivamente de una manera que elimine toda posibilidad de sufrimiento futuro. En otras palabras, la compasión profunda proporciona una solución integral; elimina permanentemente el sufrimiento de raíz.

El sufrimiento es una enfermedad espiritual que las soluciones materiales son incapaces de resolver. Un ungüento aplicado sobre una infección cutánea no curará la infección si esta tiene una causa interna. Si limpiamos la jaula de un loro diariamente pero no alimentamos al ave, la jaula brillará y el pájaro morirá. No identificar la fuente interna de la infección—es decir, dejar de alimentar al ave—equivale a olvidar la causa raíz del sufrimiento y, en consecuencia, los medios para aliviarlo.

No es posible rehuir la necesidad primordial de educar a la gente sobre lo inútil de buscar la felicidad en un lugar de sufrimiento o en cosas que no perduran. La compasión profunda incluye cuidar el sufrimiento inmediato de los demás y educarlos sobre la naturaleza del yo. Si *solo* ayudamos compasivamente el sufrimiento de los demás, nos dedicamos a obras piadosas, y eso nos implica kármicamente. Pero cuando actuamos con compasión profunda, actuamos de manera exhaustiva y sin atarnos a nosotros mismos ni a los demás.

Por ejemplo, digamos que, inducidos por la compasión, decidimos abrir comedores para la gente sin hogar. Si no ofrecemos otros servicios que los ayuden a reintegrarse en la sociedad, entonces nuestra sopa les llenará el estómago durante unas horas, pero hará poco por sacarlos de las calles frías y darles tres comidas al día. ¿No sería mejor si, junto con nuestra sopa, los ayudamos a aprender a cómo valerse por sí mismos? Los comedores hacen un mejor servicio cuando trabajan de la mano con otros servicios comunitarios.

Más aún, si su comedor comunitario espiritualiza adicionalmente la comida ofreciéndola a Dios primero y pone a disposición el conocimiento espiritual a través de libros, charlas y canciones sagradas como el *prema-kirtan*, entonces su cocina está sirviendo otra necesidad apremiante del individuo —el yo real—, ofreciendo una compasión profunda.

La compasión profunda tiene dos rasgos principales: compasión y no violencia. La compasión y la no violencia son como hermanas gemelas. Del mismo modo que una hermana sufre cuando la otra muere, a veces deprimiéndose o perdiendo las ganas de vivir, la compasión sufre ante el exceso de violencia y nos impide discernir mejor. Cuando oramos para ser compasivos y poder prestar servicio al mundo, pero omitimos la importancia de la no violencia, nos damos cuenta de que, a pesar de valorar la compasión, muchas veces fracasamos a la hora de actuar de forma compasiva. La violencia inhibe la compasión.

Por ejemplo, cuando consumo carne o artículos de cuero, actúo con violencia, aunque no haya presenciado el derramamiento de sangre. Mi dinero contribuye a la brutalidad y a la matanza de animales. Cuando sustento la crueldad, mi compasión fracasará inevitablemente en algún otro lugar de mi vida: con mi familia, mi comunidad, al ser indiferente a los problemas mundiales, o al no detectar informaciones sobre lo que me conviene, y cómo puedo ayudar a otros. Incluso si logro continuar los actos de compasión a pesar de la violencia, habré fracasado a la hora de ofrecer la compasión a los seres sensibles que acaban en mi plato.

Nuestra idoneidad para recibir amor sabio depende de la gracia. La violencia niega nuestra oportunidad de gracia, manteniéndonos por el contrario en el sistema de justicia del karma. Por lo tanto, si queremos ser compasivos o bendecidos con la meta del *bhakti*, necesitamos compasión y no violencia.

El Bhakti nos pide que, para practicar con éxito la no violencia, reflexionemos en el significado de *sensibilidad*. La sensibilidad es un síntoma de la conciencia. Dondequiera que encontremos sensibilidad hay una unidad de conciencia, un alma. El *Vedanta* afirma que los humanos, los animales y las plantas son todos seres sensibles. Saber esto durante miles de años ha guiado a los buscadores y les ha permitido portarse respetuosamente en sus interacciones con la naturaleza y con los demás. Vivimos en un mundo interdependiente.

Hay quien considera increíble la idea de que los animales y las plantas son almas—seres espirituales—. Pero las ideas pueden cambiar. Por ejemplo, en los pasados cien años, millones de personas visitaron zoológicos, exhibiciones itinerantes y ferias mundiales para ver a los africanos y los pueblos indígenas conquistados exhibidos en sus "hábitats naturales": en áreas de exhibición ubicadas junto a los animales. Hoy, la idea de ver a otros seres humanos como animales nos impacta y nos ofende. Si alguien pusiera hoy día a un afroamericano en un zoológico como un animal, habría disturbios.

En un estudio de 2016 publicado en *Proceedings of the National Academy of Sciences*, el filósofo Colin Klein y el científico cognitivo Andrew Barron de la Universidad Macquarie de Australia afirman que los insectos tienen capacidad "para el aspecto más básico de la conciencia: la experiencia subjetiva". En el capítulo veintiséis mencioné la investigación pionera de Wollleben sobre los árboles y cómo son capaces de comportamientos sociales.

Cynthia Moss, que ha vivido con los elefantes del Parque Nacional Amboseli de Kenia durante cuatro décadas, nos dice que los elefantes son "inteligentes, sociales, emocionales, agradables, dados a la imitación, respetuosos de los antepasados, retozones, conscientes de sí mismos, compasivos". De manera similar, los experimentos de Sir Jagadish Chandra Bose, entre otros, demostraron cómo las plantas, que exhiben mucha menos conciencia que los animales, expresan sentimientos y preferencias.

¡El mundo está vivo y lleno de sensibilidad! La mayoría somos incapaces de observar los sentimientos de las plantas y los árboles sin contar con instrumentos especiales. Sin embargo, para reconocer la sensibilidad en los animales solo necesitamos mirarlos a los ojos. Dondequiera que encontremos la sensibilidad, encontramos un ser claramente distinto de la materia inanimada—un vehículo, una mesa o una silla—: un alma que habita un cuerpo.

Ver a los animales, las plantas y los árboles como seres insensibles ha ofendido la sensibilidad de grandes almas tales como San Francisco de Asís, Jesús, Buda, Sri Chaitanya, y santos, clarividentes, sabios, filósofos, escritores, poetas y personas compasivas de todas las tradiciones que tienen la experiencia de la sensibilidad de todos los seres. Los animales y las plantas pueden no tener la capacidad de razonar como los humanos y, en la mayoría de los casos, no son tan conscientes de sí mismos como los humanos, pero de todos modos son seres sensibles.

¿Cómo han llegado los estadounidenses a estipular que los cerdos, las vacas, los pollos y las langostas son comestibles, pero los perros, gatos, caballos, delfines, focas, monos y águilas calvas no lo son? La respuesta es la percepción. Muchos de nosotros hemos optado por clasificar a los animales en categorías: alimentos y no alimentos; estamos dispuestos a matar ciertos animales mientras traemos a otros a nuestros hogares como miembros de la familia u organizamos protestas para protegerlos. No trazamos la línea en la conciencia/sensibilidad; en cambio, tenemos normas caprichosas que varían de una cultura a otra.

La idea de que la compasión está reservada a cierto tipo de seres sensibles y no a otros, adormece nuestro sentido de compasión, de la misma manera en que, tras sofocar repetidamente mi ira u otras emociones incómodas, descubro que he anestesiado mis emociones positivas. Cuando tratamos de ignorar la ira, la culpa y la vergüenza, debilitamos la alegría, la gratitud y el amor, como explica la autora, estudiosa y narradora Brené Brown en su investigación.

Cuando no reconocemos que todos los humanos, animales, plantas y la Tierra merecen compasión y respeto, nos volvemos insensibles. Separar la compasión de la no violencia afecta nuestra capacidad de ampliar la compasión. Suprimimos nuestra capacidad espiritual innata: la misericordia y la compasión. Ignorando nuestro sentido innato de que cualquier tipo de matanza es incorrecta, nos volvemos crueles en un grado u otro, e incluso una mínima crueldad puede matar el espíritu de compasión.

Pero, ¿cómo vamos a eliminar toda la violencia de nuestras vidas? Incluso los veganos y los vegetarianos matan las plantas. En el capítulo siete, expuse que cometemos violencia incluso cuando respiramos o encendemos el hornillo para cocinar nuestra comida vegana. Nadie está exento de violencia. Aun así, como explica la *Gita*, debemos reducir la violencia a un mínimo absoluto.

Necesitamos comer para sobrevivir. Los textos del Bhakti describen que la violencia de la agricultura le está permitida a la sociedad humana, pero no la matanza de animales. Necesitamos raíces, frutas, verduras y cereales, algunos de los cuales deben ser sacrificados para ser cosechados. Pero no necesitamos matar animales para sobrevivir. Los animales tienen un mayor grado de conciencia y autopercepción que las plantas, por lo que matarlos es una violencia mayor. Cualquiera que haya visto a un animal siendo sacrificado puede ver el miedo en sus ojos, escuchar cómo chillan y ver cómo experimentan el dolor de la muerte. Ya sea que posea un matadero, o sea un carnicero, o que transporte, cocine o coma un animal, estoy involucrado en violencia innecesaria y puedo esperar que mi cognición espiritual se reduzca o disminuya por completo.

El *Vedanta* describe gráficamente por qué no puede haber unidad en la sociedad humana mientras excluyamos de la compasión y la protección humanas a las sociedades de plantas y animales. Como Leo Tolstoi escribió en *¿Cuál es mi fe?*: "Mientras haya mataderos, siempre habrá campos de batalla". ¿Nos preocupa el creciente número de campos de batalla y cómo irrumpen insidiosamente en los lugares donde nos reunimos para el ocio, la educación, el culto o el transporte?

Para llenar nuestros platos matamos cada año ocho veces la población de seres humanos que habitan la tierra, y luego nos preguntamos cómo los humanos pueden ser tan violentos unos con otros.

La raíz principal del árbol de la compasión débil proviene de un malentendido fundamental de lo que se considera sensibilidad/conciencia. Quizás las raíces laterales de esa raíz principal son un malentendido del papel de la humanidad en el mundo, o una percepción errónea de la naturaleza del mundo en sí.

Cuando creamos un muro alrededor de nuestros corazones, separándonos del amor hacia los demás seres sensibles y la Tierra viva que habitamos, perdemos contacto con el yo real y con nuestra capacidad de amar y expresar compasión incluso hacia las personas más cercanas a nosotros. Si realmente queremos intimidad en el hogar, podemos comenzar a fomentarla honrando los valores iguales que conforman la compasión profunda.

Cuando conocemos la naturaleza del espíritu, conocemos la

naturaleza de cada ser sensible. Ninguna entidad viviente de las miles de millones con quienes compartimos esta tierra es ni un ápice menos importante o valiosa o merecedora de vida, atención y protección que nosotros. La práctica de la compasión profunda nos enseña que todas y cada una de las vidas son tan preciosas y dignas como la nuestra, y por lo tanto, elegimos actuar de acuerdo con esta visión inclusiva de la verdad.

¿Cómo podemos pasar del acto intelectual de aceptar los conceptos de compasión y no violencia al acto plenamente comprometido de vivir compasivamente?

Hacemos lo que *sentimos*. Pensar, sentir y querer son los precursores necesarios para la acción, los cuales inevitablemente siguen al corazón. Esta es una de las razones por las que la calidez emotiva es más poderosa que la atención plena. Una vez que desarrollamos la perspectiva intelectual de la compasión y la no violencia, es posible que fructifique un deseo de actuar de acuerdo con ellas. Entonces tendremos una necesidad interna de cambiar nuestro estilo de vida y estar con otros que compartan esta conciencia de la necesidad de enriquecer nuestra determinación y desarrollar nuestras excelentes cualidades.

Mi trabajo, ocio, caridad, comidas, crianza de niños, compra de productos, herramientas, ropa y medicamentos—todos los aspectos de mi vida—, reflejarán mi deseo de ser no violento. Por ejemplo, no usaré productos animales ni compraré productos que se hayan probado en animales. Cualquiera que ya haya elegido la no violencia sabe hasta qué punto la violencia se ha infiltrado en todo, desde nuestros productos de limpieza a nuestros productos de higiene personal, hasta nuestro maquillaje, ropa y accesorios, pasatiempos y alimentos. Es realmente impactante.

Sí, queremos saber el alcance de la violencia. Es nuestra responsabilidad convertirnos en personas no violentas y compasivas, por lo que la conciencia de lo que nos rodea es primordial. Renunciar a la violencia no ocurre automáticamente. Tenemos éxito cuando actuamos con integridad y compromiso basados en nuestra comprensión de la conciencia. ¿Cómo sabré si he eliminado toda violencia grave y sutil, directa e indirecta de mi vida y mi hogar? Solo tengo que aumentar mi conciencia, abrir los ojos y preguntar.

Cuando buscamos la compañía de aquellos que encarnan la compasión profunda, nos exponemos a un estímulo poderoso, un verdadero generador de incentivos: para practicar nosotros mismos la compasión profunda. Cuando mantenemos una compañía digna, nuestras cualidades naturales de compasión y no violencia se afianzan, arraigan, y florecen. Esto, a su vez, refuerza la evolución del amor, el tesoro del corazón y nuestra razón de estar en el mundo.

Cascadas de rayos de Luna

*El éxito es la suma de pequeños esfuerzos,
repetidos día tras día.*

ROBERT COLLIER

*Del mismo modo que el ser social solo puede desarrollarse
en contacto con la sociedad, el ser espiritual
solo puede desarrollarse en contacto con
el mundo espiritual.*

EVELYN UNDERHILL

Capítulo 30

Independientes de las limitaciones de nuestra humanidad

Ser humano es un regalo extraordinario. Con el cuerpo humano es posible trascender la humanidad, conocer el yo real y liberarse de todas las condiciones que hoy por hoy impiden la libertad. La independencia nos emociona. Tenemos el presentimiento de que todo es posible. Intentamos liberarnos, ir más allá de las restricciones impuestas por el cuerpo. Deseamos llegar al extremo del cosmos o nadar hasta lo más profundo del océano. Ninguna otra forma de vida busca escapar de los límites impuestos por la naturaleza como lo hacen los humanos. ¿Por qué estamos tan motivados?

El cuerpo humano nos acerca más a la experiencia del yo real que cualquier otro tipo de cuerpo. En otros términos, en la forma humana, el yo/conciencia sobresale más y puede experimentarse más. A medida que se acerca a sí mismo, sabe de modo inherente que está más allá del control de la materia. Desgraciadamente, en lugar de buscar nuestra libertad en el espíritu, ejercemos nuestro sentido de identidad tratando de conquistar la naturaleza. En nuestra búsqueda de la libertad más completa, construimos máquinas para que nos lleven a donde no podemos ir sin ayuda. Pero ¿qué tipo de independencia podemos lograr si dependemos inexorablemente del oxígeno, la luz solar y el agua? Los requisitos, por definición, delimitan la independencia. Independencia significa liberarse del apoyo, control e influencia de los demás.

Un requisito es, por definición, una necesidad, y las necesidades nos hacen dependientes. Dependemos de la salida del sol para ver y estar calientes, para que las plantas crezcan y poder comer. Necesitamos agua limpia. Esas necesidades nos exigen vivir en lugares donde nuestras necesidades pueden verse satisfechas. Realmente no podemos elegir lo contrario y sobrevivir. Esto significa que nuestra independencia es limitada. No somos realmente libres de elegir *cualquier cosa* que queramos.

Y cuando la naturaleza manifiesta su poder, se nos recuerda lo débiles que somos. Huracanes, tsunamis, terremotos, tornados, inundaciones . . . , tales eventos nos dejan tambaleándonos. Los incendios forestales nos sacan de nuestros hogares y nos los arrebatan. Los incendios pueden iniciarse bajo la maleza, y de repente calcinar miles de kilómetros, tomándonos por sorpresa. Para las personas que viven en el campo, lejos de las bocas de riego, donde el espacio abierto y los fuertes vientos pueden ser una combinación mortal, es peligroso. Cuando llegue el momento, el fuego hará estragos destruyendo sus propiedades sin importar lo que hagan para evitarlo.

A veces, los incendios se convierten en infiernos que lo consumen todo, y cientos de bomberos, asediados por las llamas, trabajan día y noche para evacuar a los residentes, mientras cavan, aran y arrojan agua. Los aviones vierten agua y retardadores del fuego.

Sin embargo, las llamas continúan independientemente. Cuando se agotan todos los medios, ¿qué hacen los bomberos? Rezan: "Querido Dios, ¡detén el viento! ¡Envía lluvia!"

Alcanzamos la libertad real por medio de la verdad. Somos unidades atómicas de sensibilidad, pequeñas fracciones de conciencia, partículas de verdad. No existimo–ni podemos existir–sin el todo, la esencia, el Absoluto, de quien provenimos. Aunque somos constitucionalmente libres, no somos todopoderosos. En el mundo material estamos atados; en el mundo espiritual somos libres. Y en las esferas material y espiritual dependemos del Todo Supremo.

Estamos bastante familiarizados con lo que significa ser dependientes en este mundo: y es aterrador. ¿Qué significa, entonces, ser dependiente en el sentido espiritual? Dependencia significa ser controlado por otro. ¿Hay algún tipo de dependencia que podríamos agradecer? Consideremos estas tres formas de control que crean dependencia:

(1) Fuerza física. Por ejemplo, podríamos estar atados, tal vez encerrados. Si somos conscientes, probablemente intentemos todas las vías de escape. Cuando se nos retiene en contra de nuestra voluntad, luchamos por nuestra libertad. Incluso si estamos confinados a nuestro hogar, como ocurre con el arresto domiciliario, reprochamos verbalmente la ley. Hay otros tipos de restricciones físicas: puede que el gobierno nos impida un derecho básico o nos bloquee la entrada a ciertos países, o el regreso al que consideramos nuestro. Estamos obstaculizados en mayor o menor medida cuando se nos ordena la velocidad a la que podemos conducir, que debemos tener una licencia, a qué medicamentos o tratamientos no tenemos acceso. ¿Acaso no encontramos formas de rebelarnos, aunque solo sea en nuestras mentes?

(2) Manipulación mental. El control mental se produce como intimidación y otras formas de persuasión, algunas de las cuales son sutiles. Puede que alguien nos domine con mentiras y chantaje emocional, y como hemos visto con mujeres maltratadas, esa dominación puede ser más limitante que si estuviéramos encerrados en una habitación. Pero piensen también en el mundo de la publicidad y su influencia de por vida, desde el que han llegado a moldear nuestra relación con prácticamente todo. Los anuncios nos convencen de que no somos partículas de conciencia sino partículas de consumismo, que cada una de nuestras exigencias corporales está admitida y es justa, y satisfacerlas nos procurará nuestro pedazo de felicidad. Nuestra cultura nos encierra y nos controla con firmeza.

(3) Amor genuino. El control del amor es integral. Nos une de una manera más segura que las limitaciones físicas o mentales. Incluso si inicialmente nos resistimos a las expresiones de un afecto genuino, gradualmente somos conquistados: mediante las atenciones, el servicio, la amistad, los regalos y la aceptación de nuestro amante. El amor es una forma atractiva de control, y una vez que confiamos en él, nos entregamos a él. En realidad no parece control en absoluto. Durante las primeras etapas del amor genuino y acaparador, cuando nos encaprichamos, ¿quién piensa en la dependencia o la independencia?

Más bien, expresamos en privado sentimientos tales como "somos uno". Renunciamos amorosamente a la necesidad de dominar a nuestro ser amado, y nuestro amante hace lo mismo. Cada uno está controlado por el otro dentro de los entresijos de la relación, dando y recibiendo mutuamente. Esta disposición a entregar nuestro poder nos hace aún más queridos por el otro y crea lazos de intimidad profundos y amorosos.

Es a través del vínculo de amor que dependemos del Ser

Supremo, quien nos ama. Al conectarnos con nuestra Fuente sin la cual no tenemos existencia—que es la vida misma de nuestra vida—, encontramos interdependencia en el amor y la patria libre del corazón.

Capítulo 31

Una persona que conoce el hogar

Queremos volver al hogar. El éxito perdurable de El Mago de Oz es solo un testimonio de la universalidad del tema. La frase de Dorothy: "No hay nada como estar en casa "es cierta en todas las culturas y en todas las edades y etapas de la vida. La autora Jean Houston define esencialmente el viaje al hogar como un retorno al ser en la introducción de su libro *The Wizard of Us: Transformational Lessons from Oz* (*El mago de entre nosotros: lecciones transformadoras de Oz*). Houston da un paso más y hace tres preguntas llenas de energía: "'Hogar' es un regreso a lo que realmente somos: nuestro código, nuestras raíces, nuestro destino potencial. ¿Cómo llegamos allí? ¿Qué caminos seguimos? ¿Quién tiene el mapa?".

En la búsqueda constante de nuestro hogar ya sea en relaciones, cosas y lugares, nunca acabamos de creer que hemos llegado. Nos sentimos perdidos a pesar de estar tan cerca del hogar.

El mito único del viaje del héroe, según lo describe Joseph Campbell, fue resumido en un guión de Christopher Vogler, que envió a otros miembros del departamento de guionistas donde estaba empleado. El documento de Vogler arrasó en Hollywood en 1985 y se convirtió en un modelo para algunas de las películas de más éxito. Muchos guionistas continúan hoy día refiriéndose al documento que Vogler luego ampliaría convirtiéndolo en un clásico de 300 páginas, *The Writer's Journey: Mithyc Structure for Writers* (*El viaje del escritor: estructura mítica para escritores*), utilizado por escritores de todos los géneros para estudiar narrativas arquetípicas del viaje que es la vida.

Nuestras vidas e historias encajan sorprendentemente bien en la plantilla originalmente descrita por Campbell. Al final del viaje, la heroína regresa a su hogar con más de lo que tenía antes de comenzar su viaje. Llega al hogar con un elixir, un tesoro. Cuando volvemos al hogar, al ser, a la patria de la conciencia, el mal sueño de este mundo se disipa y entramos con el elixir de la juventud que nunca se desvanece, la libertad y el amor que todo lo consume.

Muchos de nosotros tenemos el presentimiento de saber algo acerca del regreso al hogar. Llegaremos sin duda más grandes, mejores, más completos y más auténticamente reales. Cuando somos jóvenes pensamos con entusiasmo en nuestro futuro y lo imaginamos progresivamente hasta alcanzar nuestro máximo potencial. Pero a medida que envejecemos, nos sentimos cada vez más decepcionados. Porque a pesar de nuestros esfuerzos, reconocemos que no alcanzamos el pico de nada más que nuestra fuerza física y mental. No pudimos llegar al hogar.

¿Quién tiene el mapa?

A medida que el héroe emprende su viaje, debe encontrarse con un mentor, un experimentado viajero de los mundos que el héroe necesita abarcar. El mentor ha trazado el camino al hogar. Para extender la metáfora al *bhakti*, el mentor ha cartografiado el regreso a la patria del corazón, y habiendo ido allí repetidamente, tiene experiencia en ese plano absoluto, el mundo de la conciencia.

El mundo de nuestro corazón interno es el hogar. El hogar interno que podemos experimentar a través del yoga está conectado cualitativamente a la geografía sagrada del cielo espiritual más allá del techo del cielo material. Nunca encontraremos el hogar mirando fuera de nosotros mismos. Sin embargo, nos resulta difícil detener nuestro vagar y centrarnos en el interior. Es mejor centrarnos en el interior y aprovechar un mentor.

Sin embargo, incluso si decidimos ir hacia afuera, el mundo material nos hablará. Nos revelará su naturaleza transitoria y poco hogareña a cada paso. Si nos perdemos este mensaje es que no estamos prestando atención o por alguna otra razón no estamos escuchando.

El mentor está allí para ayudarnos en nuestro pasaje, para prestar atención, para escuchar y ayudarnos a experimentar el hogar que estamos buscando. Al examinar las palabras y el comportamiento de un mentor, podemos entender fácilmente si él o ella están familiarizados con su yo interior.

Llegar al hogar es un logro que pocos alcanzan. Sin embargo, para los guías que tienen mapas que han experimentado el gozo del yo real, conocer el reino espiritual no es un logro excepcional, aunque entienden que es algo poco frecuente. Dichas personas son humildes. Nos ayudan a escuchar lo que ya sabemos. *Eres felicidad*, dicen. *¿Quieres existir? Eres una unidad de existencia. ¿Quieres saber? Eres una unidad de conocimiento.* Mira, percibe y experimenta la iluminación y el gozo de la conciencia.

En el transcurso del viaje de nuestra vida para llegar al hogar, es esencial la persona que conozca el hogar. Un mentor que conoce el hogar está fuera del viaje forzado y kármico de las muchas vidas. El contacto con esa persona o gurú se considera una suerte inimaginable o una misericordia excepcional en el *Vedanta*. Tal contacto se conoce como *sadhu-sanga*, estrecha relación con personas santas. Recibir esta compañía es nuestra buena fortuna y podemos aprovecharla pasando tiempo con *sadhus* y escuchándolos.

Para preparar el corazón para el amor sabio, es necesario un entrenamiento apropiado, un modo de vida apropiado y una relación apropiada. El *sadhu* —el mentor, guía o gurú—, puede ayudar. Dicha guía funciona sin dejar rastro de explotación. Ese portador del mapa deja un rastro de servicio divino para que lo sigamos hasta el hogar.

Capítulo 32

Estilo de vida del *bhakta*

Uno de los más grandes místicos del Bhakti fue un entregado juez en Bengala con una familia de catorce hijos. Bhaktivinoda, famoso como excepcional funcionario público y padre amoroso, publicó docenas de libros de filosofía y poesía, dio conferencias y diálogo con las personas reflexivas de la India gobernada por el Reino Unido, de principios del siglo XX.

Los *bhakti yoguis*, o *bhaktas*, entregan su cuerpo, mente, palabras, riqueza, posesiones —todo— al servicio de su Amigo. Nuestra vida puede parecer una vida ordinaria, pero nuestras intenciones, motivos, valores y elecciones se definen poniendo al Absoluto en el centro de nuestras vidas. Esta diferencia espiritualiza nuestra mente-cuerpo y todas nuestras interacciones en el mundo.

Lo he mencionado muchas veces en *Amor sabio*, pero ¿cómo se hace exactamente? Contemplemos un día en la vida de un bhakta para poder echar un vistazo a la aplicación práctica de toda la teoría que he ofrecido hasta ahora.

Viví en un *ashram* dedicado al *bhakti* muchos años. Todos los de la comunidad se despertaban antes del amanecer, se dirigían al templo a cantar *prema-kirtan* mientras se realizaba una ceremonia *arati*. Durante el *arati*, se ofrecía incienso, lámparas, flores, aceites esenciales y otros artículos a imágenes de mármol (Deidades) de Radha y Krishna, que habían sido exquisitamente talladas por artesanos indios siguiendo antiguas descripciones de textos Bhakti Vedantas. Mientras cantábamos, nuestros ojos se deleitaban con dichas formas, vestidas diariamente con hermosas ropas y joyas por los devotos.

Sin dilación, cada uno de nosotros comenzábamos nuestra meditación personal en el *maha-mantra* Hare Krishna, sirviéndonos de un mala (rosario de cuentas de oración). Aquellos de ustedes que hayan leído *Comer, Orar, Amar* pueden recordar que Elizabeth Gilbert ajustó la estructura de su libro a las 108 cuentas de un japa mala, con el que se familiarizó mientras estaba en un ashram en la India.

Después del *japa*, un monje diferente cada día ofrecía una conferencia sobre un verso del *Bhagavata*, el cual había sido traducido recientemente al inglés por primera vez. Luego desayunábamos juntos. Antes de que cada comida vegetariana se sirviera a los *bhaktas*, se colocaba primero en platos reservados para las Deidades y se les ofrecía. La ofrenda convertía la comida en *prasada* o misericordia. Los textos Bhakti describen que la comida ofrecida con amor queda santificada y, tras ser aceptada por el Supremo, dicha comida purifica los cuerpos densos y sutiles, y libera de las implicaciones kármicas inherentes al acto de alimentarse.

En la Gita (9.26) Krishna le dice a Arjuna:

> *patram pushpam phalam toyam*
> *yo me bhaktya prayacchati*
> *tad aham bhakty-upahritam*
> *ashnami prayatatmanah*

> Si alguien me ofrece con amor y devoción una hoja, una flor, un fruto o agua, Yo lo aceptaré.

Milagrosamente, el *bhakti* comienza a transformarnos y espiritualizarnos desde la raíz de nuestra existencia. Si no comemos, moriremos; sin embargo, para comer debemos apropiarnos y cometer violencia. Pero cuando ofrecemos la comida al Supremo, él acepta nuestra intención amorosa. La comida espiritualizada nos libera de los efectos nocivos de apropiarnos y también purifica el pensamiento e inclina la mente y la inteligencia hacia el espíritu.

Después de nuestra comida de la mañana, cada uno de nosotros comenzaba el trabajo diario, que era tan variado como la vida de cualquier otra persona. El templo, la cocina y los *ashrams* requieren limpieza. La ropa se tenía que lavar, secar y doblar. Había que preparar el almuerzo y la cena. Había que comprar; los autos necesitaban ser reparados. Algunos miembros tenían familias, por lo que atendían sus responsabilidades domésticas y a sus hijos. Otros iban a lugares públicos para realizar *kirtan*. Los artistas pintaban "ventanas al mundo espiritual", que representan escenas de la patria de la conciencia descrita en los textos *bhakti*. Los escultores esculpían; actores y bailarines practicaban sus papeles en dramas para los próximos festivales: en el calendario *bhakti* hay más de una docena de días sagrados considerados tan sagrados como la Navidad. Siempre estábamos preparando y celebrando festivales. Aquellos musicalmente diestros, practicaban mantras, canciones y *ragas* en armonios, *mridanga* (tambor de dos caras) y *karatalas* (címbalos). Las costureras cosían ropa para otros *bhaktas* o las Deidades. Algunos monjes salían a distribuir prasada gratis a los necesitados o personas sin hogar. Algunos transcribían, escribían o editaban libros. Algunos trabajaban en una de las muchas etapas de la producción de libros. Otros vendían libros. Otros sembraban y atendían huertos de hortalizas y flores, mientras que otros ordeñaban vacas y cuidaban a los animales. Algunos monjes preparaban conferencias para la noche, y otros recibían visitantes y atendían sus necesidades. Otros iban a la escuela. Algunos *bhaktas* dirigían negocios para el *ashram* o para ellos mismos y se encargaban de esas responsabilidades. ¡Se vivía la vida!

Por las noches, los *bhaktas* se reunían nuevamente para cantar en el kirtan y para la ceremonia arati y una clase de la *Gita*. Luego compartimos una cena ligera de *prasada* y nos íbamos a dormir.

Comenzar y terminar los días con una meditación, estudiando y cantando mantras funcionaba bien. En el *ashram* llamábamos al horario de meditación de la mañana y de la tarde: el sándwich de *sadhana*. Hacíamos que la mitad de nuestro día fuera igualmente provechosa al aplicar lo que estábamos aprendiendo y experimentando en nuestras actividades. Más que atención plena, se trataba de corazón pleno. Volcábamos nuestro corazón minuto a minuto, mediante la auto-reflexión, incorporando o eliminando pensamientos, oraciones, sin olvidarnos de nuestro proyecto de amor sabio.

Estos eran los aspectos externos de un día típico. Una vez que el estilo de vida que apoyaba y nutría estas prácticas estaba fijo en su lugar, comenzaba el considerable trabajo de aprender a controlar la mente. Una parte esencial de avanzar en dirección al hogar, o experimentar bienestar, es hacer que la mente coopere. El trabajo con la mente discurre a lo largo de dos pistas: una positiva y otra negativa.

La forma positiva consiste en absorber la mente en la meditación del mantra, en el estudio y en otras actividades directamente asociadas con el desarrollo del *bhakti*. Cuando me convertí en *bhakta*, quedé encantada al ver que, cuando acompañaba las actividades y los quehaceres diarios con mantras, canciones, cantos silenciosos y oraciones, o con una concentración motivada por el deseo de servir, estas actividades se volvían meditaciones sinceras. Cada minuto cobraba significado. Y aunque esto era maravilloso, pronto descubrí que la charla mental y los deseos sensoriales, repetida e incansablemente, intentaban sacarme de mi práctica y paz. Y, ¡oh!, ¡qué poco cooperativa era la mente! Así descubrí la importancia de emplear la segunda forma de controlar la mente, utilizando métodos "negativos".

Tuve que modificar y replantear regularmente sus "caminos" y "viejas grabaciones" y recordarme minuciosamente la orientación conceptual que estaba aprendiendo. Se requirieron revisiones importantes durante los desafíos, las crisis o cuando percibí actitudes pobres o francamente horribles.

Como escuchamos, las impresiones psíquicas son ilimitadas, por lo que el trabajo para controlar la mente es desafiante. Arjuna dice en la *Gita* que controlar la mente parece más difícil que controlar el viento. Krishna está de acuerdo con él, pero dice que es posible con "práctica y determinación". Cuando comencé a contrarrestar y desafiar las formas habituales de pensar que no me servían bien, tenía la sensación de estar persiguiendo el viento. A veces engatusaba, rogaba o era dulce con mi mente, y a veces, en frustración, "sacaba una escoba y la golpeaba", como recomendó un maestro del *bhakti*.

Del mismo modo que la crianza de un niño exige una serie de técnicas y herramientas: intuición, creatividad, sabiduría hija de la experiencia, la voluntad de escuchar la experiencia de los demás, las lágrimas derramadas sobre los hombros de amigos y familiares, la flexibilidad y la ayuda de toda la comunidad: lo mismo ocurre con el readiestramiento y la espiritualización de la mente. Pero esforzarse por controlar la mente a través de intentos regulares demuestra a nuestro Otro Divino que realmente queremos el inestimable tesoro de nuestro ideal y estamos dispuestos a pagar el precio de descubrir nuestro yo real. ¡Y es un yo encantador y amoroso que conocer y ser!

He descubierto que mi proyecto *bhakti* es serio, absorbente, vale la pena y es divertido, y también está lleno de sangre, sudor y lágrimas. Y es una tarea que es imposible hacer sin ayuda. Mi trabajo individual incluye la comunión con mi yo interior, la meditación *japa-mantra*, el estudio, la escritura y la lucha individual con mi mente. Pero para desarrollar una estrategia para profundizar mi *bhakti* redefiniendo parámetros, para enfrentar el desorden de mi falso yo, para recordarme a mí misma el objetivo y afinar los pasos a lo largo del camino —y especialmente para recibir la motivación enérgica—, necesito ayuda de otros. Necesitamos personas que sean nuestros confidentes, que nos entiendan, simpaticen y tengan su propia experiencia práctica con las alegrías, las recompensas y los desafíos. Y ellos también nos necesitan a nosotros.

Rupa Goswami, a quien introduje cerca del comienzo de este libro, describe seis intercambios amorosos entre bhaktas que son parte de la cultura del bhakti:

> *dadati pratigrihnati*
> *guhyam akhyati pricchati*
> *bhunkte bhojayate chaiva*
> *shad-vidham priti-lakshanam*

> Ofrecer obsequios en caridad, aceptar obsequios de caridad, revelar la mente de forma confidencial, indagar de forma confidencial, aceptar prasada y ofrecer prasada, son los seis síntomas de amor compartidos entre bhaktas.
>
> —*Upadeshamrita* 4

Además de nuestra red de amigos con mentes afines, requerimos relación con aquellos que han logrado subyugar la mente y los sentidos, y se centran exclusivamente en el amor espontáneo de Dios (la segunda etapa del *bhakti* descrita en el capítulo veinticuatro).

Mantener relaciones con *bhaktas* se conoce como *sadhu-sanga*, y junto con *prema-kirtan*, es una parte importante del Bhakti. Se nos advierte que nunca debemos subestimar el poder del *sadhu-sanga* para avanzar más rápidamente hacia nuestro ideal.

Cada sistema de yoga tiene ramas, o prácticas, específicas de su sistema. Estas prácticas son absolutamente necesarias para cosechar la recompensa o el objetivo de ese sistema. Algunas de las ramas de *jñana yoga* son el celibato, la austeridad, la meditación y el estudio de las Escrituras. Las ramas del *ashtanga yoga* son *yama, niyama, asana, pranayama, pratyahara, dharana, dhyana,* y *samadhi*. Ni el *jñana yoga* ni el *ashtanga yoga* incluyen *sadhu-sanga* o *kirtan* como una de sus ramas. De hecho, debido a que la renuncia y el desapego son requisitos previos para esos caminos, ¡no se recomienda tener amigos!

Cuando salí del *ashram* hace muchos años, temía que mi vida plena de reflexión e introspección se desvaneciera perdiéndose y que mi búsqueda espiritual se desmoronara. En cambio, lo sagrado me acompañó a una vida intensa como empresaria, madre y esposa. Descubrí que mis prácticas y cultivo del corazón se trasplantaban fácilmente porque mis intenciones y determinación subyacentes seguían siendo las mismas: mantuve mis prácticas diarias. De manera similar a cómo había encontrado oportunidades para vivir la vida como una meditación sincera en el *ashram*, encontré formas en mi propio hogar y en el mundo. Como mi salud es a menudo débil, no me despierto tan temprano como solía hacerlo, pero todavía canto *kirtan* y ofrezco incienso y flores a mis fotos favoritas de Krishna y Radha. Conozco muchos *bhaktas* que tienen Deidades en los altares de sus hogares; otros tienen un pequeño espacio sagrado con imágenes para recordar a la Persona Suprema.

Continúo ofreciendo mi comida en mi altar, y en la habitación que alberga mi altar, realizo mi meditación diaria de *japa* con el *maha-mantra* Hare Krishna. Luego me encargo de las responsabilidades del día. La vida siempre incluye el trabajo interno de mantener la mente clara, orientada y bajo control, independientemente de lo que esté en mi lista de tareas pendientes. A menudo canto canciones y mantras mientras cocino, limpio, hago ejercicio o conduzco. Por la noche disfruto leyendo textos del *bhakti*, especialmente las secciones entrañables que describen la vida de Krishna. De todos los textos bhakti disponibles, apenas poseo una pequeña porción en mi biblioteca personal, pero comprenden tres estanterías altas y anchas. Sus enseñanzas y descripciones de las actividades, relaciones, personalidad y psicología del Supremo no son solo entretenimiento para el intelecto; son un llamado a la transformación, a convertirse en la enseñanza y encarnar su verdad, y forman el contenido positivo de mi vida meditativa.

El sendero de una vida activa e introspectiva cambia la esencia de nuestra disposición. Si nos limitáramos a sentarnos y meditar, quedaríamos anclados en nuestra propensión de beneficiarios. A menos que nos levantemos e interactuemos con el mundo, nuestra verdadera mentalidad permanece oculta ante los demás y nosotros mismos. Necesitamos interactuar con los demás para descubrir qué provoca nuestra falta de paciencia o compasión, o en qué situaciones no logramos controlar nuestra mente y situar nuestro Otro Divino en el centro.

Por ejemplo, si guardo rencor a una amiga, mientras no la vea o interactúe con ella, puedo ocultar mis sentimientos. Pero en el diálogo o la interacción con ella, o se dará cuenta de mi actitud y tratará de sanar la situación conmigo, o (con suerte) lo admitiré cuando observe mis pensamientos. De cualquier manera, estaré en condiciones de tomar medidas para mejorar o eliminar mi mentalidad negativa. A través del servicio activo, nos topamos con la tendencia de apropiarse del no-yo una y otra vez. Cada vez que lo percibimos, tenemos la oportunidad de erradicarlo.

La experiencia me ha enseñado que las relaciones son los agentes de cambio más poderosos, y ciertamente en el *bhakti*, representan la mejor oportunidad para llevar el corazón hacia el amor incondicional. Todo sigue siendo teórico hasta que estamos en la vida real, en situaciones de relaciones reales. Un conocido amigo, Varshana Swami, dijo una vez: "Las relaciones son el lugar donde nuestra comprensión se comprende, se prueba y se hace sacramental".

Como escribe el erudito religioso Huston Smith: "En comparación con los niños somos maduros, pero en comparación con los santos somos niños". El Bhakti nos ofrece la oportunidad de madurar en nuestro ser eterno incluso mientras vivimos una vida temporal en un mundo temporal.

Toda acción es informada por el conocimiento. Si estamos perfectamente informados, actuamos perfectamente y el resultado será la felicidad perfecta. Para una felicidad perfecta, necesitamos un método perfecto de conocimiento. Ese método consiste en acercarse con las manos juntas en oración.

Debido a que la misericordia es esencial para el progreso espiritual, algunos han comparado al practicante espiritual con un gatito llevado por la nuca por su madre. El paseo del gatito no depende de su propia habilidad o fuerza. Aun así, no es que *solo* seamos transportados: tenemos que hacer el trabajo requerido de cualquier práctica. Entonces, se da otro ejemplo de un bebé mono que tiene que aferrarse a la madre incluso cuando la madre se balancea de árbol en árbol.

Hay un adagio en el Bhakti: actúa como si tu progreso dependiera de ti pero debes saber que es la misericordia la que te libera. Cuando la energía y los deseos se usan en la devoción, se purifican de su cualidad material y se espiritualizan mediante la relación con el Absoluto.

El amor engendra amor y el *bhakti* engendra *bhakti*. Lo que una vez requirió grandes cantidades de autocontrol, algún día se vuelve un hábito. Mi maestro espiritual solía preguntar: "¿Cuál es la dificultad?".

Cantar en el *kirtan* no es difícil. Tampoco es difícil bailar. No es difícil preparar la comida con amor, servirla con amor o comerla con amor y gratitud. Tampoco es difícil participar en meditación basada en el mantra de los santos nombres. Y ninguna de las prácticas nos cuesta nada. Eso es poco frecuente en este mundo, donde todos tratan de beneficiarse de la necesidad de otro. A medida que avanzamos en la práctica del amor sabio, obtenemos claridad desde nuestro corazón sobre cómo espiritualizar cada aspecto de nuestras vidas. Finalmente, todo lo que tocamos se convierte en una ofrenda de amor.

Capítulo 33

Cinco centímetros

Existe una teoría popular llamada "seis grados de separación" que establece que cada persona está separada de cualquier otra por seis o menos personas. El mundo parece hacerse más pequeño a medida que las redes sociales evolucionan. Este concepto puede parecer fácil de desacreditar, por lo menos en la forma en que se popularizó en el cine y en el escenario, pero hay investigaciones que respaldan una noción similar y muestran que, de hecho, todos estamos bastante cerca los unos de los otros.

Para el Bhakti, el espacio metafórico de separación entre el Ser Supremo y nosotros también es pequeño: solo cinco centímetros. Esta metáfora surge de una historia sobre Krishna cuando era niño.

Un día, la madre de Krishna, Yashoda, lo dejó solo en el patio, pues tuvo que correr adentro y atender una olla de leche hirviendo sobre el fuego. Krishna se incomodó al verse abandonado y rompió la olla de mantequilla que su madre había estado batiendo. Luego corrió a esconderse en el almacén. Yashoda siguió sus huellas mantecosas. Dentro, vio a Krishna mirando de un lado a otro con aprensión. Estaba fascinada con su rebelde niño de dos años, pero cuando comenzó a alimentar a los monos con la mantequilla batida que había en el almacén, tomó un palo a modo de amenaza simulada y dijo: "¡Ya está bien!".

Krishna y los monos se alejaron corriendo, y Yashoda corrió tras ellos. Mientras Krishna no miró hacia atrás, pudo correr más rápido que Yashoda y a ella le fue imposible atraparlo. Sin embargo, cada vez que Krishna miraba hacia atrás para ver si se estaba alejando de su madre, Yashoda ganaba terreno. Finalmente, consiguió atraparlo de la mano.

¿Quién rompió la olla?", preguntó.

"Dios lo hizo", respondió Krishna. "Es la voluntad de Dios. Nada sucede sin la voluntad de Dios".

"Tienes respuestas muy inteligentes, ¿no?".

"Sí".

"Si eres tan inteligente, tal vez no necesites vivir en casa".

"¡Tal vez no!".

Aturdida por un miedo repentino de que Krishna pudiera escapar, Yashoda decidió atarlo por la cintura con una cinta de su cabello a un mortero de madera, como era costumbre en aquellos tiempos.

Al escuchar la conmoción, las mujeres de otros hogares fueron a mirar por encima del muro que rodeaba la casa de Yashoda. Todas se habían quejado previamente a Yashoda de que Krishna les robaba mantequilla y dándosela de comer a los monos, pero Yashoda, creyendo que Krishna era inocente, no había hecho nada al respecto. Ahora que su propia madre había sorprendido a Krishna robando, las mujeres que adoraban a Krishna, animaron festivamente a Yashoda. Yashoda se quitó la cinta del cabello e intentó atarla alrededor del vientre de su hijo, pero era cinco centímetros más corta que lo necesario.

"No se queden ahí paradas", gritó a sus amigas: "¡Tráiganme una cuerda!".

Las amigas trajeron cuerda, pero a pesar de las veces que Yashoda agregó otro trozo de cuerda a la existente, seguía siendo cinco centímetros corta y no podía anudarla alrededor de la cintura de su hijo. Puesto que Krishna es omnipresente, ¿cómo puede ser atado?

Todas las mujeres observaron y rieron con asombro. Todos sabían que Krishna era precoz, pero algo inusual sucedía y las mujeres estaban perplejas. ¡Vieron a un niño atrapado por su madre que no parecía engordar! ¿Por qué no podía atar la cuerda, que ahora era muy larga, alrededor de su cintura? Su forma seguía siendo la misma, sin embargo, no había cuerda que pudiera rodearlo.

Yashoda pensó: "¡Esto es mágico, pero *debo* atarlo para que no huya!". Comenzó a transpirar por la intensidad del esfuerzo y el miedo a perder a su hijo. Krishna estaba fascinado con el esfuerzo amoroso y, cautivado por su amor, pronto inspiró a Yashoda a que tratara de atarlo nuevamente con la cinta original, entonces permitió que dicha cinta le rodeara el vientre.

La cinta, como podemos imaginar, no es suficiente para retener a un niño, pero representa el amor de Yashoda. Solo el amor puede atar al Supremo.

La metáfora de los cinco centímetros representa que se requieren dos cosas cuando se trata de capturar el Absoluto: un gran esfuerzo personal y su misericordia. Como pequeñas unidades de conciencia, dependemos completamente de la misericordia. La gracia nos da la oportunidad de participar en la práctica espiritual. Al mismo tiempo, debemos aplicarnos en el intento de llamar la atención de la Persona Suprema. Cuando recibimos su favor, el éxito está garantizado.

El Bhakti es diferente de otras prácticas de yoga. El *karma yoga*, *jñana yoga* y *ashtanga yoga* son yogas basados en el esfuerzo; el Bhakti es el yoga basado en la gracia. En otros yogas, para que los practicantes logren sus objetivos y la promesa de sus caminos, deben observar exactamente las reglas y seguir muchos tecnicismos, y solo cuando todo se hace perfectamente se alcanza el resultado, generalmente después de muchas vidas. Pero en el *bhakti* mi esfuerzo es mi práctica. Solicito la ayuda del siempre compasivo Krishna, sabiendo que no es el esfuerzo ni la práctica por si solos lo que genera la gracia.

Orbe lleno de conciencia

*Las brisas al amanecer tienen secretos que contarte
¡No vuelvas a dormir!
Debes pedir lo que realmente quieres
¡No vuelvas a dormir!
La gente va y viene al otro lado
de la puerta donde los dos mundos se tocan,
la puerta es redonda y está abierta
¡No vuelvas a dormir!*

RUMI

tam eva dhiro vijnaya, prajnam kurvita brahmanah

*Un hombre sabio que entiende al Supremo
se enamora de Él.*

BRIHAD-ARANYAKA UPANISHAD 4.4.21

Capítulo 34

La encantadora forma del absoluto

La belleza puede atraernos a la verdad. A muchos nos atrae la belleza estética del arte, la música, la arquitectura, el teatro, la fotografía, las matemáticas, la poesía y la naturaleza. Cuando experimentamos lo exquisito, sentimos asombro, incluso euforia. Pero nuestro reconocimiento continuado nunca será igual a la primera impresión sobrecogedora cuando un centenar —o un millar— de impresiones, revelaciones o apreciaciones se manifestaron para nosotros conformando una experiencia oceánica. Una vez que se abren estas puertas, ahondamos en los misterios o la majestad de lo que vemos, escuchamos o entendemos. Puede que nos sintamos como si hubiéramos alcanzado algo que ansiábamos durante mucho, mucho tiempo. A veces, estos momentos parecen llevarnos al hogar, o al menos parecen recordarnos ese lugar.

Cuando la sensación de admiración se repliega, tenemos un problema. Aquellos que son imperecederos y eternamente felices exigen una experiencia duradera. Por lo tanto, las tradiciones yóguicas nos dicen que nuestra búsqueda de la belleza debe extenderse al reino de lo eterno. Lo que es temporal es solo una verdad parcial o una belleza parcial.

Necesitamos toda la verdad y toda la belleza—la realidad detrás del reflejo de la materia—, a la que se refieren los sagrados *Upanishads* y los textos Bhakti Vedanta de la India cuando hablan de Krishna. Sri Krishna, el orador de la *Gita*, es, empleando la terminología de Hegel: "La hermosa Realidad".

En el lenguaje de los *Upanishads*, Krishna es una experiencia estética sagrada. Él es el maestro indiscutible del éxtasis divino. Sus nombres, formas, cualidades y actividades sumamente encantadoras son la belleza misma. Rupa Goswami nos dice que incluso si toda la belleza del mundo se reuniera en una sola forma, ese cuerpo no podría igualar la excelencia del cuerpo de Krishna.

Estamos en deuda con dichos textos y santos, cuyas visiones nos proveen detalles sobre la vida de Krishna, su forma, cualidades y personalidad. Gracias a estas descripciones, a los devotos no les escasea el contenido donde enfocar la mente para su proyecto de amor sabio.

En *The Thought of the Heart and The Soul of the World,* James Hillman escribe: "Tal como William James descubrió, la intimidad ocurre cuando vivimos en un mundo de eventos particulares y concretos. . . . O, en el sentido de Ortega, solo se pueden amar las cosas personalizadas e individualizadas. La respuesta estética nunca es un panteísmo difuso, una adoración generalizada de la naturaleza o incluso de la ciudad. Más bien es ese escrutinio gozoso de los detalles, esa intimidad de cada uno con cada cual, como saben los amantes".

Aunque famosa, la *Bhagavad Gita* narra solo una hora de un día en la vida de Krishna. La secuela filosófica de la *Gita*, el

Bhagavata, consta de doce libros —335 capítulos—, que detallan la vida de Krishna y sus *avataras*. El décimo de estos libros, de noventa capítulos, es la pieza central de la obra y presenta a un joven Krishna en un ambiente bucólico jugando con los niños y niñas de su aldea. A la mitad del décimo libro vemos a Krishna asumir otros roles, como estudiante, príncipe y esposo.

Los capítulos comprendidos entre el veintinueve y el treinta y tres del décimo libro —considerados el espacio más íntimo de todo el *Bhagavata*—, contienen un poema teatral sobre una danza de amor divino entre Krishna y sus amantes. Esta danza circular de amor nos invita a unirnos al Supremo en el juego divino, íntimo y eterno.

La forma, las cualidades y las actividades inigualables de Krishna —su belleza excepcional y su cuerpo juvenil siempre fresco, su experiencia en el amor, su compasión, honor, heroísmo, discurso agradable, su conocimiento de las artes, gentileza, disposición dulce, juegos creativos, la amabilidad y la personalidad magnética—, son demostraciones universalmente convincentes de encanto y belleza absolutos

Se produce una interacción intrigante entre la divinidad de Krishna y su "humanidad". La última —su dulzura—, permite la intimidad, mientras que la primera —su divinidad—, le da significado a dicha intimidad. Una relación cercana con el Absoluto similar a un humano tendría poco significado si fuera un humano común y corriente. Pero él es el alma de la conciencia, el centro, nuestro soporte raíz y nuestra esencia/original. Por lo tanto, su afecto y su dulzura son profundamente entrañables y valiosos. Su capacidad para amar es infinita, y es capaz de relacionarse amorosamente con un sinfín de parejas amorosas en un matiz proporcional a los deseos más íntimos de cada amante.

Krishna es eternamente un joven de dieciséis años. Su rostro, adornado por sonrisas afectuosas y enmarcado por mechones de cabello negro y rizado, es la belleza misma. Todas las creaciones magníficas del mundo son solo metáforas de su forma.

Él es el ser mismo, la belleza misma, el amor mismo. Como se describe en *Sri Brihad-Bhagavatamrita* (2.2.98–9 and 2.7.135), "La belleza del Señor es la esencia concentrada de todo éxtasis divino. Está dotado de todo esplendor y opulencia, y por lo tanto, al manifestar su encanto, dulzura y otras características únicas, da placer a todos los sentidos… La forma de Krishna es la esencia de su encanto amoroso y no puede ser igualada ni superada. Ese encanto amoroso es la única morada de la belleza, la fama y la opulencia. Es perfecto en sí mismo, siempre fresco y extremadamente infrecuente".

Sus miradas seductoras son tan impactantes que aquellos a quienes mira a menudo se desmayan. Su habla es excelente y su voz es sonora, encantadora, tan profunda como el océano y retumbante como un trueno. Sus palabras están llenas de significado y dan lugar a intercambios amorosos y graciosos llenos de complejidad y divertidos. Es un maestro de todas las expresiones artísticas — baile, teatro, canto, tocar instrumentos musicales, decorar con flores, hablar mediante acertijos y muchas otras manualidades — todo lo cual ofrece expresiones siempre novedosas y frescas dentro de todas sus diversas relaciones.

Como se describe en un texto: "Tan pronto como escucharon la flauta de Govinda [Krishna], las entidades inertes comenzaron a cantar y las entidades dotadas de voz enmudecieron. Las olas del río dejaron de fluir y se paralizaron, los objetos inmóviles se movieron y los sólidos se volvieron líquidos".

Domina el arte de vestir atractivamente y es un bromista inteligente, que toca música fascinante con su flauta para atraer todas las almas hacia él. Todos en su comunidad viven en edificios palaciegos cuyos muros están incrustados con gemas, sin embargo, Krishna pasa sus días en los entornos naturales de las montañas, bosques, prados, lagos, balsas y ríos, donde él y sus amigos disfrutan de todo tipo de flora mientras se comunican con todas las especies de animales.

Al describir un evento teatral nocturno, un texto revela: "La audiencia comenzó a derramar lágrimas de amor mientras bebían, con las avecillas de sus ojos, los rayos de luna de la dulce sonrisa de Krishna. Permanecieron insatisfechos incluso después de beber repetidamente el néctar. ¡Ajá! ¡Cuán inconcebibles son los caminos del amor!".

Para saborear toda la dulzura del amor sabio, Krishna se subordina en sus relaciones y sirve a su familia, amigos y amantes. Se inclina ante su amada Radha. Le lleva las zapatillas a su padre. Masajea los pies de su hermano. Los amigos de Krishna se regocijan por él, y Krishna se regocija por ellos. En la misma medida en que el clan de Krishna desea satisfacerlo, él desea satisfacerlos a ellos.

Capítulo 35

La vida del Absoluto

En la década de 1930, un monje de mi tradición Bhakti realizó una gira de enseñanza en Europa. Cuando estaba en Alemania, lo invitaron a una obra de teatro representada por un grupo cristiano. En el escenario principal, se personificaban las actividades de la sociedad humana. Dios interpretaba su papel desde un balcón en lo alto. De vez en cuando, Dios se ponía de pie para dispensar una bendición o una condena a los humanos del escenario, quienes eran el foco de la obra. Dios tuvo un papel relativamente menor, aunque satisfizo los deseos de las personas.

Cuando le preguntaron al monje su impresión de la obra, dijo que le gustó mucho, pero indicó: "En mi tradición, Dios habría sido el actor principal en el centro del escenario". Podemos imaginar la expresión inquisitiva en los rostros de sus compañeros europeos mientras consideraban qué actividades personales podría hacer Dios para interpretar todo un drama no centrado en las actividades humanas.

Los textos *bhakti* han generado miles de danzas, poemas, obras de teatro, pinturas, esculturas y canciones sobre las actividades encantadoras y humanas de la Persona Suprema. En otras palabras, el mundo no está desprovisto de noticias sobre las actividades, formas, cualidades y nombres de la Divinidad. Los intereses del Absoluto se extienden más allá del aburrido deber de satisfacer las peticiones de las personas. De hecho, él tiene una vida propia muy excitante.

Si Dios fuera una persona cuya única responsabilidad fuera otorgarle a la gente lo que desea o lo que cree que se merece, tal vez no le agradaría poseer su omnisciencia y omnipresencia, sino que sería algo tedioso para él.

Tal vez pensamos: "Si pudiera estar en todas partes, estaría en unas vacaciones sin fin. Si pudiera saberlo todo, tendría todo el poder". Pero la Persona que es omnisciente y omnipresente podría expresar un problema: "No hay ningún lugar adonde ir ni nada nuevo que hacer".

¿Qué hacemos cuando estamos aburridos? ¡Jugamos! Cuando tenemos mucho tiempo libre, nos gusta a menudo divertirnos con los demás. ¿Pero con quién puede relajarse y jugar el Supremo, ya que está en una categoría singular?

nityo nityanam cetanash cetananam
eko bahunam yo vidadhati kaman
tam atma-stham ye 'nupashyanti dhiras
tesham shantih shashvati netaresham

> El Ser Sensible eterno concede los deseos de muchos seres sensibles eternos. Él es uno de muchos. Los sabios que lo contemplan en sus corazones están eternamente en paz, y no otros.
> — Katha Upanishad 2.2.13

¿Cómo puede la Conciencia Infinita retozar con la conciencia finita? La Persona Suprema adquiere una forma aparentemente humana, por Su propio deseo. El Brahma-samhita dice que su forma es de tamaño mediano—un tamaño entre infinito e infinitesimal—, que es infinito, pero con la apariencia de un ser finito. Puede evocar nuestra reverencia en cualquier momento, pero encubre su omnipotencia y omnipresencia para fomentar el amor íntimo: lo que nos permite abandonar nuestra conciencia de su majestuosidad para poder jugar y amarlo sin temor, asombro o reverencia. Es entonces cuando el Supremo puede realmente ser Él mismo y nosotros realmente podemos amarlo.

Así es como Krishna resuelve el problema de estar en una categoría única como el origen auto manifiesto, el refugio y el mantenedor de todo y de todos. Él permite este desconcierto divino para que el amor pueda reinar sin las restricciones creadas por el conocimiento y el asombro que crean el distanciamiento. Pareciendo un ser finito, nos concede la oportunidad de sentirnos en igualdad, o incluso superiores, y dentro de la relación sentimos que Él nos pertenece. Cuando el alma siente que Dios le pertenece puede expresar plenamente su amor, y esta es una revelación única de las enseñanzas del *bhakti*.

En el pináculo de la realidad existe una actividad eterna que muestra el límite más alto de la emoción trascendental, o *rasa*, éxtasis estético sagrado. En el mundo del Absoluto, el amor sabio es la riqueza que se intercambia continuamente, pero que también se está expandiendo ilimitadamente. El amor sabio abruma a todos los seres allí con éxtasis. De hecho, el amor sabio es tan poderoso que sumerge incluso al Sensible Supremo en la dicha extática. Krishna pregunta a sus amigos: "¿Qué piensan ustedes? ¿Será que Radha me quiere?". Él depende de sus amigos para que lo ayuden y, al hacerlo, nos invita—a cualquiera que quiera ser su amigo—, a unirnos con él en la intimidad. Aunque es extraordinario, actúa de una manera ordinaria. La combinación única de majestuosidad e intimidad nos atrae hacia él. Es todopoderoso, pero parece vulnerable. Nos sentimos atraídos por él, tal como cuando las personas poderosas expresan integridad, fuerza de propósito, humildad, disposición jovial y amabilidad. Nos sentimos atraídos por sus cualidades combinadas de excelencia y por lo accesibles que son.

Cuando escuchamos que el Absoluto tiene los mismos sentimientos que nosotros experimentamos, eso nos atrae. De hecho, cuando escuchamos sobre todas las actividades de Krishna, descubrimos que él expresa la gama completa de emociones humanas y mucho más. Cuando percibimos internamente que el Supremo tiene una vida emocional igual que nosotros, eso nos invita a buscar la cercanía con él. En otras palabras, Krishna, que parece humano—pero está lejos de ser humano—es dulce y encantador. Él nos permite acercarnos íntimamente. En esta intimidad, los amigos de Krishna lo desafían a pelear, o colocan los brazos sobre sus hombros.

Para entrar en el mundo de la conciencia, tenemos que despojarnos de nuestro ser material. No somos hombres o mujeres, jóvenes o viejos, esposas, madres, hijas, hijos, esposos o padres. No estamos divorciados de esta persona o casados con otra. No somos cristianos, musulmanes, hindúes o judíos. No somos estadounidenses, chinos, europeos, indios o africanos. Somos amantes que desean participar en una unión dinámica con el Amante Supremo

Capítulo 36

La crisis existencial de Dios

Podemos imaginar lo que sucede cuando un aspirante a *bhakta* se enamora de Dios, pero es posible que no sepamos qué sucede cuando Dios se enamora de su *bhakta*. El amor del Supremo no está anclado en el egoísmo o la necesidad. Su amor es independiente, incondicional, siempre en expansión, imparcial, siempre fresco y sin fin. Y su amor busca la felicidad sin adulterar del otro. Un nombre para el Absoluto es Rasa Raj, o el "rey del amor".

Rasa Raj Krishna es el experto excelso del amor. Él sabe todo acerca de cada tipo de amor, encuentra su propia felicidad solo en el amor, se conmueve solo por su expresión más elevada, y es capaz de corresponder con un número ilimitado de almas, ya que él es el alma de todas las almas. Un atributo del amor sabio es que, una vez que aparece, no se va nunca. El amor sabio ansía multiplicarse y conceder la riqueza del deleite supremo a aquellos que lo experimentan.

El espectro completo del amor en este mundo —desde la maravillosa montaña rusa del encaprichamiento hasta el terreno estable del amor maduro—, palidece en comparación con el amor sabio. Entre el número ilimitado de personas en el mundo espiritual, la persona que ama más a Krishna es Radha. También se la llama Bhakti Devi, la personificación del *bhakti*. Ella encarna completamente el amor sabio y todas sus maravillas. Krishna está abrumado y cautivado por el amor de Radha. No puede quedarse quieto sin su amor, así que baila y toca melodías encantadoras en su flauta para atraer su atención.

Krishna piensa: "Soy el rey del amor, pero en Radha veo un amor y un gozo que exceden todo lo que he experimentado. ¡Su amor es mayor que el mío! Su amor eclipsa mi capacidad de corresponder; por lo tanto, en la competencia entre nosotros, el amor de Radha triunfa".

A veces hacemos preguntas teológicas como: ¿Hay un Dios? Y si lo hay, ¿cómo es? Pero en el mundo de la conciencia, ¡es Dios quien hace las preguntas teológicas! Por definición, las preguntas de Dios son las más excelsas preguntas teológicas. Él ve a Radha y se pregunta: "¿Qué hay en mí que, al verlo, Radha se vuelve más grande que yo?" Él decide que debe ser la intensidad del amor de ella lo que la hace más grande. Esto lo asombra y también crea un dilema.

En la *Gita*, Krishna Krishna promete corresponder plenamente el amor de cualquiera que acuda a él. Pero cada vez que aumenta su amor por Radha, ella redobla el suyo por él. De esta manera, su danza de amor aumenta perpetuamente, manteniendo a Krishna en una deuda demasiado grande para saldarla.

Esto le hace cuestionarse a sí mismo: Yo, el Infalible, no puedo cumplir una promesa que hice en la *Gita*. Así se encuentra en crisis y, confundido, adora a Radha, inclinándose ante ella.

Todas las tradiciones espirituales dicen que Dios es el objeto digno de adoración de todos, pero Dios adora a Radha. Bhakti Devi Radha es suprema en la estimación de Krishna. Por lo tanto, el amor es mayor que Dios.

Sri Jiva, en su texto poético titulado *Gopala Champu* (2.26.27), escribe: "Krishna es la fuente de todo afecto y aparece en una forma corporal. En dicha forma, él difunde la experiencia del afecto entre todas las personas de Vraja [su hogar en el mundo de la conciencia]. Ofrezco mis reverencias a Radha, la joya suprema entre todas las queridas *gopis*, hacia quienes Krishna se siente obligado por amor".

El círculo interno del *lila* de Krishna está tan cargado del poder aparente del amor que la Divinidad misma pierde de vista su Divinidad. Por lo tanto, su crisis es un momento de gran necesidad para Krishna. Comprender esta necesidad es la comprensión más profunda de la psicología del Absoluto y una puerta para que entremos en una unión íntima. Cuando Dios se enamora, como nosotros, se vuelve vulnerable. Por lo tanto, él resulta fácilmente accesible para cualquiera que atienda su gran necesidad. Podemos animarlo y consolarlo. Podemos cantar para él. Podemos recordarle que su amada Radha está cerca.

Con la esperanza de conquistar y satisfacer a Sri Krishna, el rey del amor, los aspirantes espirituales cantan y bailan con la esperanza de encarnar incluso una partícula del amor sabio de Radha.

CAPÍTULO 37

Ella, a quien Él adora

Cristo es aquel que se sacrifica, Buda es el sabio, Krishna es el amante y Radha el alma de la Conciencia. Krishna es el alma de todas las almas; Radha es su alma. Ella no es diferente de Krishna; ella es su oponente plena. Ella es el poder supremo y Él el sumamente poderoso. Aunque Krishna es irresistiblemente encantador, Radha lo supera en belleza, amor, encanto y conocimiento de las artes. La perfección de su vida es la felicidad de su amado Krishna.

Rupa Goswami escribe: "Ella es el jazmín que atrae al abejorro del príncipe del corazón de Vraja [Krishna]. Ella posee todas las virtudes trascendentales. Su sonriente rostro dorado eclipsa diestramente la gloria de la luna llena de otoño. Su corazón está salpicado de puro amor por sus amigas. Es muy dulce y vivaracha y es un cofre repleto de rubíes inestimables de amor puro por Krishna".

Es Radha quien le enseña a Krishna cómo bailar y tocar

la flauta: dos logros de los cuales él está muy orgulloso. Ella es tan plenamente una con Krishna, gran parte de la identidad de Krishna, que algunos dicen que Krishna no es atractivo sin ella. Es Radha ante quien Krishna se inclina, diciendo: "Tú eres mi guru, mi maestra en el amor. Yo soy tu estudiante Tu amor me hace bailar". Sri Radha cautiva, seduce y controla a Krishna en todos los sentidos. El gozo de ella supera con creces el suyo, tanto que al ver su éxtasis, Krishna desea probarlo.

Según la tradición del Bhakti, ¡el amante de Dios experimenta más felicidad que Dios! Tal es la maravilla extrema del amor sabio y la invitación que Radha nos ofrece cuando practicamos el *bhakti*.

Del mismo modo que Krishna de niño se sienta sumisamente mientras su madre lo viste, él se sienta para Radha, quien, después de hilar las tobilleras y pulseras de flores, guirnaldas y una corona floral, coloca los adornos sobre él a su gusto. Es ella quien alienta al Supremo a tocar la flauta para llamar a todas las almas, mientras él se divierte en el mundo de la conciencia. Radha es la oponente femenina del tierno corazón del Ser Supremo. Su misericordia está fácilmente disponible para el alma sincera, y cuando ella recomienda a alguien a Krishna, él acepta de inmediato a esa persona en su compañía.

Krishna camina por la cuerda floja entre la divinidad y su semejanza humana: es totalmente divino; él actúa plenamente humano. Él es omnisciente; él es totalmente independiente. Se ha olvidado de sí mismo; por lo tanto, se considera completamente dependiente de Radha y su amor. Está controlado por el *shakti* (poder) del amor sabio que Radha personifica. ¡Radha le ha persuadido y destronado con su gracia!

Radha, sabedora de que él disfruta de esta intimidad, hace

regularmente arreglos para traer más almas a su compañía. Y, porque ella es de corazón tierno, personalmente fortalece nuestro *prema-kirtan* cuando se canta el *maha-mantra*, llamándonos al mundo del amor y dándonos una muestra de ese amor. Ella es la amante ejemplar, el refugio de toda acción, y en última instancia, para muchos bhaktas, la meta trascendental.

Capítulo 38

Por sobre el techo del firmamento

*paras tasmat tu bhavo 'nyo
'vyakto 'vyaktat sanatanah
yah sa sarveshu bhuteshu
nashyatsu na vinashyati*

Más, existe otra naturaleza no manifiesta, que es eterna y es trascendental a esta materia manifiesta y no manifiesta. Es suprema y nunca es aniquilada. Cuando todo en este mundo es aniquilado, esa parte permanece tal como es.

—*Gita* 8.20

Vraja, el destino del bhakti yoga, es la tierra de la libertad, sin ansiedad ni sufrimiento, descrita en numerosos textos Bhakti. Vraja existe en el presente eterno, por lo tanto, todo lo que hay allí —la gente, la tierra, las actividades, las emociones—, es siempre fresco. El poder del ahora es omnipresente y se experimenta sin esfuerzo en Vraja. Pero la inmediatez del presente se ve superada por una mayor inmediatez de los intercambios amorosos, siempre más y más nuevos. Cada momento del *lila* rebosa de la emoción de experimentar algo totalmente único.

Vraja está hecho de los mismos aspectos de los que nosotros estamos constituidos: ser, conocimiento y amor. Vraja es el territorio del amor, la morada de la felicidad y eternidad absoluta, donde se conoce todo lo que ha de ser conocido. Allí, Krishna, el centro de la existencia, disfruta del juego y el amor sin restricciones con todos sus acompañantes.

Chintamani, una joya que satisface todos los deseos, adorna el suelo y se usa como elemento decorativo en puertas, marcos de ventanas y paredes. Los árboles *tamala* oscuros decoran la tierra dorada, y las flores doradas adornan la tierra de zafiro. Hay hojas de color verde azulado en los árboles dorados y hojas doradas en los árboles de color verde azulado. Hay arreglos estéticos ilimitados en Vraja, donde los cenadores están hechos de diamantes, rubíes y esmeraldas y muchas variedades de enredaderas, arbustos y árboles.

En algunos lugares, los árboles son más deseables que las casas, y en otros lugares las enredaderas actúan como bailarines. Los ríos resplandecen con lotos en una dirección y, al mismo tiempo, en la otra dirección, la tierra está llena de flores. El suelo brilla blanco como el alcanfor mientras que los pastos de hierba brillan como esmeraldas. Los ríos, que corren sinuosamente alrededor de las montañas, conducen a cascadas que derraman felicidad desde los picos de las montañas.

Algunas aves imitan canciones mientras que otras imitan varios instrumentos musicales, y otras tratan de imitar los bailes humanos. Los ciervos, los monos y otros animales hacen ruidos mientras juegan juntos. Como amigos, sus vidas están unidas. Se divierten con Krishna como el alma de sus almas. En los bosques periféricos a la ciudad de Vraja, Krishna se divierte con Balaram, su hermano mayor. Juntos pastorean vacas, bromean, abrazan y derriten los corazones de sus amigos con su afecto y juego diario. Cuando cantan, sus canciones son más dulces que la miel. Todas las estaciones se manifiestan simultáneamente. Todos los elementos contrarios viven juntos en armonía. Los pájaros de invierno gritan, mientras que en lugares tan brillantes como joyas resplandecientes, los grillos veraniegos emiten su sonido. Los *chatakas* (pájaros monzónicos) cantan cerca de las cascadas y, cuando las nubes se dispersan, los cisnes de otoño nadan en las aguas cristalinas. Los cucos de primavera se escuchan en los bosques florecidos. Además, todos los aromas distintivos de las diferentes estaciones se mezclan en un aroma vigorizador y fragante.

Mientras Krishna camina por los senderos de Vraja, toca el cuerno para indicar a sus parientes y amigos que ha llegado el momento de que él y sus amigos abandonen la aldea para ir al bosque. Justo antes de darse la vuelta para irse, Yashoda, ansiosa por el bienestar de su hijo, se apresura hacia él y le aparta con cariño los rizos negros a un lado de la cara. Y luego, cuando vuelve a girarse para irse, Yashoda lo detiene, esta vez para darle dulces. Cada vez que Krishna comienza a irse, su madre con el corazón roto se vuelve de mala gana hacia su hogar. Sin embargo, incapaz de soportar la idea de separarse de su hijo, encuentra otra excusa para mimarlo y retrasar la partida.

Las repetidas manifestaciones afectuosas de Yashoda avergüenzan a Krishna frente a sus amigos. Para tranquilizarla, él afirma humildemente: "Incluso si el universo fuera destruido, yo continuaría existiendo por tu amor". Solo abrazándola y ofreciéndole argumentos lógicos para asegurarle que estará seguro, Krishna finalmente convence a su madre de dejarlo ir al bosque. Aun así, las lágrimas caen de sus ojos mientras observa a su preciado hijo partir y desaparecer en el horizonte.

Cuando Krishna se da vuelta para reunirse con sus amigos, los otros niños pastorcillos se ponen a cantar, bailar, reír, aplaudir y tocar sus flautas, cuernos y otros instrumentos. Krishna, el más grande de los bailarines, entra al bosque con sus amigos; lleva una pluma de pavo real en el cabello, flores azules *kanak champa* detrás de las orejas, viste alrededor de la cintura y sobre el pecho una prenda amarilla tan brillante como el oro, y lleva una larga guirnalda de flores que le cuelga hasta las rodillas. Aquellos que ven esto expresan su deseo de tener muchos ojos, y se sienten frustrados de que sus ojos parpadeen una fracción de segundo, bloqueando la belleza insuperable de su visión.

Radha se encuentra cerca con su amiga Rati observando a Krishna dirigirse hacia el bosque. Ella es incapaz de hablar y sus ojos se llenan de lágrimas. Al filo del bosque, Krishna se vuelve. Sus ojos, al encontrarse con los de Radha, dicen: "Nos encontraremos en tu lago". Y los ojos de Radha dicen: "Allí estaré". El rostro de Krishna se convierte en una dulce sonrisa, y al observar este intercambio, Rati comprende que Krishna ha prometido encontrarse con Radha más tarde. Sin embargo, Radha sigue llorando.

"¿Por qué lloras?", pregunta Rati.

"Los pies de Krishna son tan tiernos. Al caminar descalzo las espinas o las piedras pueden pincharlos".

"No hay piedras ni espinas en Vraja", la consuela Rati. Y toma a Radha de la mano y la lleva a su hogar para prepararse para su próxima reunión con el encantador príncipe de Vraja.

Vraja es infinitamente hermosa porque sus ornamentos son las olas ilimitadas de pura emoción que se alzan y caen en los corazones de su gente, que solo tienen sed de Krishna, el plenamente atractivo. Tanto las formas animadas como las inanimadas (árboles, pájaros, vacas, ciervos y el mismo suelo) están hechos de amor sabio condensado. El amor es la ley de la riqueza común de la conciencia; allí el amor es un estado del ser. En esta morada, más allá de los límites del espacio y el tiempo, el amor nunca flaquea.

Epílogo:
La Divinidad femenina

Hay varios aspectos sobre la divinidad femenina que no están dentro del ámbito de *Amor sabio*, pero me veo obligada a expresarlos, de ahí la necesidad de un epílogo.

Nos encontramos en una coyuntura nunca antes experimentada en la historia occidental. El Bhakti y Radha llegaron a las costas occidentales hace solo cincuenta años. La apariencia tranquila de Radha, cuando se examina y comprende, señala una oportunidad para auto facultarnos y cambiar los paradigmas y comportamientos sociales de los modelos patriarcales, el pensamiento lineal y el conocimiento material – todo lo cual amortigua el espíritu –, y apuntar hacia el amor sabio trascendente.

En Sri Radha no encontramos una forma femenina indígena,

centrada en la naturaleza, ni una diosa del orden material (como su poderosa expansión Durga), sino la divinidad femenina que se encuentra en el pináculo central de una realidad amorosa. El alma de la Conciencia Suprema es Radha, y todo el poder de la realidad es el amor sabio que ella encarna. Si traemos a Radha y su poder a nuestra vida diaria a través de la práctica del bhakti, entonces tendremos la perspectiva, la fuerza y el corazón necesarios para poner fin a la violencia y el sufrimiento del mundo.

La idea de lo femenino sagrado o divino está resurgiendo en libros, conferencias, seminarios web, entrevistas, programas de radio, blogs y conversaciones seculares en todo el mundo. Mientras escucho el diálogo comunitario, noto a menudo que hay poca distinción entre (y aún menos comprensión sobre) las cualidades materiales y espirituales: tanto femeninas como de otro tipo. La desventaja de mezclar materia y espíritu es que, aunque tengamos buenas intenciones, e incluso conocimiento para mejorar, si fomentamos cualidades materiales para obtener resultados materiales, no recibiremos el beneficio final ni alcanzaremos resultados duraderos.

A medida que la comunicación a través de Internet amplía nuestras percepciones y reduce nuestro mundo, adquirimos conciencia de la difícil situación del planeta. A medida que los hombres y las mujeres se unen para tratar de resolver los males del mundo, encontramos que más personas sienten atracción por la divinidad femenina. Después de todo, todo lo demás ha fracasado. Muchos sentimos que si recibiéramos la poderosa gracia de la divinidad femenina, las personas podríamos trascender los egos humanos –que llevan a cometer atrocidades increíbles–, y liberar sus voces más verdaderas, ganar fuerza y actuar de manera definitiva y radical. De esta manera, tendríamos la oportunidad de cambiar el descenso del mundo a la locura.

EPÍLOGO: LA DIVINIDAD FEMENINA 257

¿Cómo podemos encontrar la divinidad femenina? ¿Es la divinidad femenina una personificación de la tierra? ¿Sofía? ¿Una metáfora, un proceso, una energía, una identidad trascendente? ¿Está disponible para hombres y mujeres? ¿Es una versión femenina de Dios? ¿Apelamos a la *divinidad femenina* o a la *femineidad divina*? ¿Acaso distinguimos entre estos dos términos?

En el *Vedanta*, las energías, *shaktis*, son todas femeninas y cualquier persona, ya sea en el cuerpo de un hombre o una mujer: pueden encarnar y distribuir las características de estas energías.

La *Gita* explica que existen tres shaktis primarias: (1) espiritual, (2) material y (3) marginal.

Pensad en *shakti* como energía, tal como la electricidad es energía. Podemos usar la electricidad para lograr resultados diferentes: calentar, enfriar e iluminar, por ejemplo. ¿Qué *shakti*, o energía, serviría mejor a nuestro sincero deseo de un mundo más feliz y saludable, un mundo que sirva como una oportunidad para tener una relación amorosa con él? Veamos cada una de las tres *shaktis*.

LA SHAKTI ESPIRITUAL se encarna como Radha. Conocida como *parama-shakti*, es la gran *shakti* original de quien emanan otras *shaktis*. Ella es la heroína suprema, la reina del mundo espiritual. Ella es la encarnación de la sabiduría, la inteligencia y la discreción. Como hemos escuchado, ella demuestra que la más alta expresión y éxtasis de la realidad es el amor sabio. Involucra elegantemente a los asistentes del amor: generosidad, compasión, discreción, perdón, sabiduría, empatía, inclusión y justicia. Todo esto brilla en sus relaciones.

El cuerpo de la divinidad femenina está saturado de la dicha del amor sabio. Su ropa está hecha de amor devocional. El amor impulsa cada palabra, aliento e intención. Cada gesto o movimiento de sus ojos es guiado por un amor intenso, entusiasta y espiritual. Ella está concentrada en el amor personificado. Nos guía a comprender que el amor no adulterado es el lenguaje y la moneda del espíritu y la base de la cosmología divina. El amor es la energía de la creación, la razón de la creación. Todos los poderes existen en el amor sabio, que puede cruzar cualquier límite y rehacer cualquier conexión perdida.

Como la emperatriz en el mundo de la conciencia, los poderes de Radha se extienden por toda la realidad, mundana y espiritual, capaces de influenciar cualquier esfera. Para que se puedan manifestar los secretos que Radha tiene para nosotros, es necesario un enfoque sensible con un corazón cultivado, pleno y generoso, desarrollado a través de la práctica del *bhakti*.

LA SHAKTI MATERIAL se expresa como la creación material —la naturaleza, la llamamos—, así como los ideales, acciones y cualidades que encarnan las diosas del mundo físico. Las diosas del mundo material están asociadas con modos de vida femeninos, como la fertilidad y la maternidad, y los ideales y acciones femeninas, como la curación, la compasión, el empoderamiento y la creación. Tienen formas femeninas, como la tierra (Gaia), diosas romanas y griegas, y diosas de otras tradiciones, así como cualidades femeninas, tales como sabiduría, creatividad, empatía, gentileza y más. En el pensamiento indio, Durga es la fuente de todas estas otras diosas de este mundo porque es la forma integrada de la energía material total. También hay historias de poderosas diosas relacionadas con la guerra, el tiempo, la muerte y la destrucción.

EPÍLOGO: LA DIVINIDAD FEMENINA 259

Y existen las diosas que traen equilibrio a la creación a través de cualquier agencia que sea necesaria.

Las diosas de todas las culturas están involucradas y ocupadas en asuntos del mundo físico y psicológico, incluidos las de los sistemas planetarios superiores. Están conectadas con el nacimiento y muerte y vida entre todo el cosmos, pero no con la vida más allá de la esfera material.

Muchos se dirigen a esas diosas para sanar sus heridas psicofísicas, especialmente las afectadas por culturas patriarcales y portadores misóginos de la misma. Algunos ven a las diosas como arquetipos o plantillas para ayudarles a imaginar una mejor infraestructura para la sociedad o para ellos mismos. Aún otros buscan facultarse siguiendo la guía de las diosas. Estas diosas influyen y guían el reino material.

LA SHAKTI MARGINAL se presenta como un número ilimitado de unidades de conciencia. Las almas son conocidas como *shakti* marginal porque se encuentran entre la *shakti* espiritual y la *shakti* material, como el espacio entre el océano y la tierra. Si tratamos de tocar ese lugar que ya no es agua, pero aún no es tierra, no podremos determinarlo. A veces, la tierra allí está seca y otras está húmeda.

El alma, una unidad de libre albedrío, tiene dos opciones: vivir en la tierra o en el agua: sobrevivir en la *shakti* material de la materia inerte o prosperar en la *shakti* espiritual de la conciencia amorosa.

La relación nutre el alma. Si el ser pretende vivificarse de la mano afectuosa del *bhakti* o Radha (la *shakti* devocional), entonces puede acceder a su naturaleza inherente de ser, conocer y amar. Si, en cambio, el alma pretende vivificarse de la mano de la *shakti* material, entonces toca la naturaleza material, la cual es *asat* (temporal), *achit* (llena de dudas) y *nirananda* (infeliz), y se vuelve prácticamente material. Tal alma está convencida de que morirá y que la existencia plena consiste en la complacencia del cuerpo. El ser en contacto con el *bhakti*, la energía espiritual primordial, puede impulsar la transformación en el mundo material.

¿Estamos usando los dos términos *divinidad femenina* y *femineidad divina* conscientemente? *Divinidad femenina* significa una persona con cualidades femeninas "divinas". *Femineidad Divina* significa divinidad en forma femenina. Vamos a compararlos.

En la tradición Bhakti, "divinidad femenina" se refiere a los aspectos femeninos del yo/conciencia. Aquí, la palabra divinidad significa indirectamente salud mental y emocional, empoderamiento e integridad psicofísica. De este modo, los diálogos sobre la divinidad femenina se centran en la *shakti* material y permanecen en el reino físico. Son, por definición, limitados en alcance e influencia. Algo relacionado con la materia no puede liberarnos de la materia; la materia no puede resolver problemas espirituales.

Si nuestra petición a la divinidad femenina es una apelación a lo femenino con apariencia mundana—es decir, conceptos corporales y mentales—, entonces descubriremos que la divinidad esencial está ausente y no contamos con la asistencia totalmente trascendente que necesitamos.

Sin ego divino hay ego falso. Las preocupaciones del ego falso, ya sea que aparezcan en hombres o mujeres, por atractivos que sean, solo pueden culminar en soluciones superficiales. Invariablemente, nuestros intentos de resolución terminan en discordia porque el interés propio es inherentemente inarmónico y diverso. Si nuestra primera solución de una ecuación matemática larga es incorrecta, ese error repercutirá en toda la ecuación. ¿Estamos pidiendo que la *shakti* material resuelva problemas espirituales? ¿Acaso es por eso que no hemos encontrado soluciones incluso en nuestro enfoque esperanzador de la divinidad femenina?

Nuestra búsqueda bien intencionada de equilibrar las culturas seculares y espirituales haciendo hincapié en las cualidades femeninas podría reproducir los mismos problemas que afectan a las sociedades y religiones patriarcales. Las hembras son tan capaces de desempoderar, privar de sus derechos y abusar de los individuos, los animales y la naturaleza como los machos.

Si en lugar de perseguir la femineidad divina, buscamos la *divinidad femenina*, la divinidad en forma femenina, Radha, a través de la cultura del *bhakti*, podemos traer el amor sabio al mundo. Si el aspecto divino en hombres y mujeres toma refugio en la divinidad femenina, esas personas conquistarán amorosamente todo.

Radha, como el alma de la Conciencia Suprema, es la fuente de todos los poderes de todas las diosas; ella es la potencia espiritual completa del Absoluto Supremo. Radha armoniza todas las características de las diosas y es la reina del amor sabio totalmente florecido.

El amor—el amor sabio—, puede conquistar; el amor puede liberar, perdonar y encontrar ingeniosamente nuevas formas de resolver viejos problemas. El amor impulsa la compasión; el amor busca el mayor bien para todos. Si el amor sabio conquista lo inconquistable, ¿qué *no podría* lograr en este mundo?

Mi propia experiencia sirviendo a Radha me ha convencido de que cuando aquellos que desean mejorar el mundo y sus propias vidas se refugian en Sri Radha, pueden cumplir sus sueños.

Otra experiencia que he tenido: la oración y la intención poseen un poder tangible. Podríamos comenzar con una simple petición, *Oh Radha, encarnación del amor, por favor lléname con la* calidad y la profundidad de tu amor. Haz de mí un receptáculo de tu amorosa dedicación y misericordia en este mundo. Por favor, inunda el mundo con tu mirada para que todos podamos ser liberados del sufrimiento del interés propio y complacer a nuestro querido Amigo.

Nota de la autora

Gracias por leer *Amor Sabio*. Estoy muy agradecida de haber logrado publicar este libro en español. En mi juventud, viví algunos años en México, Santo Domingo y Puerto Rico. Todas las personas eran amables, generosas y piadosas y se ganaron un espacio en mi corazón. Por ello, me alegré mucho cuando alguien se ofreció a traducir este libro del inglés al español. El proceso duró tres años, pero por fin está aquí para ti.

Si crees que te beneficiaste al leer *Amor Sabio,* te agradecería mucho que dejaras una reseña en Amazon para que más personas puedan tener el mismo resultado. Las reseñas honestas ayudan a los lectores a encontrar los libros que buscan.
Y las reseñas educan a los escritores sobre lo que les gusta a los lectores. En mi caso particular, leo todas las reseñas (sí, incluso las que están en español) y las tomo muy en

serio. Por ello, espero puedas encontrar unos minutos para contarnos tu experiencia al leer *Amor Sabio*. Puedes dejar su reseña aquí: https://www.amazon.com/review/create-review?asin=B09F72GF54 ¡Que tengas muchas bendiciones!

Glosario

A.C. BHAKTIVEDANTA SWAMI PRABHUPADA (1896–1977) – maestro espiritual y fundador de la Sociedad Internacional para la Conciencia de Krishna, trajo el Krishna-bhakti a occidente por primera vez en la historia. Tradujo más de sesenta textos clásicos del *bhakti* al idioma inglés, escribió varios libros y abrió más de cien centros para el cultivo del *bhakti*.

ACHIT – 1. Naturaleza material inerte, sin vida ni conciencia. 2. Ignorancia; falta de conocimiento. 3. Una cobertura del yo no vislumbrado mientras se encuentra en el mundo material.

ADWAITA VEDANTA – una escuela de pensamiento que enseña la filosofía de la Unidad absoluta; la filosofía enseñada por Shankara conocida como Adwaita Siddhanta.

AMOR (ANANDA) – 1. Una cualidad de conciencia poseída por el ser finito y por la Persona Suprema infinita. 2. La característica gozosa de la Realidad (Bhagavan). 3. Unión amorosa en el amor sabio entre el ser y su Fuente. *Ver* fundamento del amor. *Ver sat-chit-ananda*.

AMOR SABIO – 1. Bhakti: la práctica de evolucionar el amor a su estado espiritual más elevado, un amor desmotivado e ilimitado por nuestro

Amado Divino 2. El amor como estado de existencia; *prema-bhakti* Ver Bhakti. *Ver Prema*.

ANANDA (AMAR) – *Ver* amar.

ARJUNA – un amigo íntimo de Krishna a quien Krishna habló la *Bhagavad Gita*.

ASAT – 1. No eterno; temporal.

BHAGAVAD GITA – también conocida como *Gitopanishad*, la *Gita* es un registro de setecientos versos de una conversación entre Krishna y Arjuna tomado del *Bhishma Parva* del *Mahabharata* compilado por Vyasa. La conversación tiene lugar minutos antes de que dos ejércitos participen en una gran guerra fratricida. Krishna enseña al abatido Arjuna la ciencia de la conciencia y la importancia y eficacia del *bhakti* sobre todos los sistemas de yoga. Ver *Mahabharata*.

BHAGAVAN – un epíteto de la Persona Suprema Krishna que significa "aquel que es el poseedor (*van*) de [seis] opulencias (*bhaga*) en plenitud ilimitada. Las seis opulencias son: riqueza (*aishvarya*), fuerza (*virya*), fama (*yasha*), belleza (*shriya*), conocimiento (*jnana*) y renunciación (*vairagya*).

BHAGAVATA – también conocido como *Bhagavata Purana* o *Srimad-Bhagavatam*, el *Bhagavata* es conocido como el *amala purana*, "el *Purana* más puro". Se considera el más destacado de los dieciocho *Puranas*. Fue escrito por Vyasa como un comentario de sus *Vedanta Sutras*, y trata exclusivamente de temas relacionados con Bhagavan Krishna, sus *bhaktas* (devotos) y *bhakti* (intercambios amorosos entre Bhagavan y su *bhakta*). Es una obra de dieciocho mil versos y recoge la filosofía Bhakti.

BHAGAVATA PURANA – *Ver Bhagavata*.

BHAKTA – practicante de *bhakti*.

BHAKTI – 1. La práctica de desarrollar amor sabio, o amor espiritual incondicional, para uno mismo, para los demás y para el Supremo. La práctica se centra en colocar a nuestro Amigo Divino en el centro de nuestras vidas mediante actividades prácticas dedicadas a la divinidad y sin apego a los resultados. La sistematización formal de la dedicación amorosa se llama bhakti *yoga*. 2. Amorosa dedicación a Bhagavan Krishna.

BHAKTI DEVI – Sri Radha, la personificación del amor sabio maduro. Ver Radha.

BHAKTI SAMSKARAS – impresiones de *bhakti* en el cuerpo psíquico. Estas impresiones suplantan las impresiones materiales, liberando al ser

GLOSARIO 267

del karma, permitiéndole así establecer su lugar en el mundo de la conciencia.

BHAKTI VEDANTA – el sistema filosófico basado en los principios esbozados en los *Vedanta Sutras*, *Upanishads*, *Bhagavata*, *Bhagavad Gita*, *Mahabharata* y otros textos védicos que establecen la doctrina *achintya-bheda-abheda*, o la unicidad y diferencia simultánea de Brahman en tres características: Brahman (*sat*), Paramatma (*chit*) y Bhagavan (*ananda*). La escuela sigue el espíritu de los textos tal como fueron escritos por su autor, Vyasa.

BHAKTI YOGA – el cultivo del *bhakti*, o amor sabio, no está teñido por la gratificación de los sentidos o la búsqueda del conocimiento sin devoción. De acuerdo al *Bhagavata*, la práctica del *bhakti* consta de nueve partes (*angas*, o extremidades): *shravanam kirtanam vishnoh smaranam padasevanam arcanam vandanam dasyam sakhyam atma-nivedanam*: 1) escuchar, 2) cantar sobre los nombres, formas, cualidades y actividades de la Persona Suprema, 3) recordar todo lo anterior, 4) ofrecer servicio amoroso al Supremo, 5) adoración respetuosa de su forma de deidad, 6) ofrecer oraciones al Supremo, 7) servir sus deseos en el mundo, 8) hacer amistad con él, y 9) ofrecerle una dedicación amorosa con nuestro cuerpo, mente y palabras. Las prácticas de estos nueve procesos son aceptadas como *bhakti* y culminan en *prema-bhakti*, o amor sabio. La meta y los medios del *bhakti yoga* son los mismos. A través de la conexión con nuestra Fuente mientras estamos en este mundo, somos conducidos al reino espiritual para asociarnos con él eternamente en su juego amoroso.

BHAKTIVINODA – (1838–1915) Su servicio a la causa de la expansión de la misión de Sri Chaitanya es único. Él escribió muchos libros; y, significativamente, en 1896, fue el primero en "escoltar" al *bhakti* hacia occidente enviando una copia de un pequeño libro suyo titulado *Sri Chaitanya Mahaprabhu: Su Vida y Preceptos*, a la Universidad McGill en Canadá.

BRAHMAN – 1. el alma finita. 2. El aspecto no personal omnipresente del Supremo. 3. Un término general que significa "la Verdad Absoluta". 4. Se utiliza para referirse a la Unidad, o conciencia no diferenciada.

CHAITANYA, SRI (1486–1534) – El predicador y místico del Bhakti que estableció el *prema-kirtan* del *maha-mantra* Hare Krishna. Reveló el mensaje secreto del *Vedanta* de que el *maha-mantra* kirtan es la forma más fácil y rápida de llevarnos al estado existencial más elevado: el amor sabio maduro. En la tradición Bhakti, se le conoce como Krishna mismo en el humor de Radha, viniendo al mundo para demostrar la práctica del *bhakti* y el *prema-kirtan*, y dar amor sabio a todos sin distinción de designaciones corporales, culturales o religiosas.

CHAITANYA CHARITAMRITA — traducido como "el carácter de la fuerza viviente en la inmortalidad", este es el título de la biografía sobre Sri Chaitanya escrita a finales del siglo XVI por Srila Krishna Dasa Kaviraja Goswami.

CHINTAMANI — una piedra preciosa espiritual, místicamente potente ("piedra de toque") que se encuentra en el mundo de la conciencia. Cumple todos los deseos de aquellos que la poseen o tocan.

CHIT — *Ver* Saber.

EGO FALSO — 1. En sánscrito, *ahankara*, o el "yo hacedor" 2. El ego falso es la identificación incorrecta del ser con la materia de dos maneras: Yo (por ejemplo, Yo soy este cuerpo) y lo mío (esta propiedad es mía). 3. El concepto mediante el cual el alma se identifica erróneamente con la mente-cuerpo.

ERA DE KALI — el tiempo, o era cósmica, en la que vivimos actualmente, conocida como la "era de la disputa y la hipocresía".

FUNDAMENTO DEL SER — 1. La característica *sat*, o existencia eterna, de la realidad (Brahman). 2. Un estado de existencia que el ser elige cuando desea liberarse al fusionarse con el Brahman, o la Unidad. Esta liberación, caracterizada por la paz suprema, extingue la capacidad del ser para la experiencia individual y el amor.

FUNDAMENTO DEL SABER — 1. La característica *chit*, o característica que todo lo sabe, de la realidad (Paramatma). 2. Un estado de existencia que el ser elige cuando desea liberarse al meditar en el aspecto del Ser Superior (Superalma) del supremo. La existencia (individualidad) y el conocimiento son prominentes en esta liberación, mientras que el amor es disminuido, solo aparece como el estado preliminar del amor como apreciación o asombro. Tener una relación con el Ser Superior significa meditar en su forma.

FUNDAMENTO DEL AMAR — 1. La característica *ananda*, o característica gozosa y amorosa de la realidad (Bhagavan, Krishna). 2. Un estado de existencia que el ser alcanza mediante una dedicación amorosa hacia el Supremo Krishna y su pareja, Radha. El yo, a través del apego intenso a Radha y Krishna, entra en el tipo más completo de intimidad sin pizca de asombro o reverencia para participar en los pasatiempos eternos y siempre frescos de la Díada Divina.

JIVA GOSWAMI (SRI JIVA) — (1513–1598) un santo *bhakti* y filósofo. Escribió

GLOSARIO 269

dieciocho obras principales sobre la filosofía Bhakti Vedanta, que comprenden más de 400 000 versos. Muchos filósofos y sánscritos lo consideran el mayor erudito que jamás haya existido.

JNANA – conocimiento o gnosis. El *jnana* material no va más allá del cuerpo material y el mundo material. El *jnana* trascendental discrimina entre materia y espíritu. El *jnana* perfecto es el conocimiento del cuerpo, el ser y el Supremo.

KARMA – literalmente, "acción". Más específicamente, cualquier acción material que produce una reacción material, que nos une al mundo material.

KIRTAN – *Ver* Prema-kirtan.

KRIPA – misericordia; amabilidad.

KRISHNA – 1. Un nombre de Bhagavan que significa "alguien que es todo atractivo y el disfrutador de las relaciones amorosas". 2. La forma personal del Supremo, el origen auto-manifestado de todo. *Ver* Bhagavan.

KUMARAS – cuatro ascetas eruditos; se consideran encarnaciones del *jñana shakti* (poder del conocimiento) del Supremo Omnisciente.

KURUKSHETRA – un lugar sagrado situado a unos ciento cuarenta y cinco kilómetros al norte de Nueva Delhi, donde Krishna habló la *Bhagavad Gita* a Arjuna.

LILA – juego, o una actividad totalmente espiritual realizada por el Supremo o su *bhakta*.

MAHABHARATA – un famoso texto histórico conocido como el poema más largo jamás escrito, diez veces más largo que la *Ilíada* y la *Odisea* juntas. El *Mahabharata* narra la historia de la gran dinastía de guerreros Kurus (Yadus y Pandus) que fue aniquilada en la guerra de Kurukshetra. Dentro del *Mahabharata* está la *Bhagavad Gita*.

MAHA-MANTRA – el *maha* (gran) *mantra* (canto) para la autorrealización y la comprensión del Supremo; alcanzar el amor sabio es su objetivo final. Como se describe en los *Upanishads*, el mantra es: Hare Krishna, Hare Krishna, Krishna Krishna, Hare Hare / Hare Rama, Hare Rama, Rama Rama, Hare Hare.

MANTRA – combinando los términos sánscritos *manas* (mente) y *trayate* (liberar), un mantra es un sonido espiritual que libera al yo/conciencia de la ilusión y las inclinaciones materiales.

NEO-ADWAITA – un giro moderno en el pensamiento Adwaita que elimina a Ishvara, o Dios, de la filosofía yóguica original del no dualismo (monismo). La filosofía original establece que Dios es todo. Algunos neo Adwaitas afirman que todo es materia.

NIRANANDA – literalmente significa no dicha; la constitución emocional del ser no realizado mientras se encuentra en el mundo material.

PARA-BRAHMAN – el Brahman Supremo (Bhagavan), el origen de Brahman, que es la Persona Suprema, Krishna.

PARAMA SHAKTI – la energía superior, interna y espiritual del Para-Brahman, o Sri Radha, la personificación del amor sabio.

PARAMATMA (SUPERALMA) – el aspecto localizado del Supremo que reside en el corazón de cada entidad viviente encarnada y que impregna toda la naturaleza material. Algunas veces referido como el Ser Superior.

PRASADA – 1. Literalmente "misericordia". 2. Los alimentos preparados y ofrecidos a Krishna con amor se espiritualizan y purifican a quien los ingiere.

PREMA – amor de Krishna. Prema (amor sabio) se distingue de *kama* (lujuria) por el deseo de complacer los sentidos espirituales del Supremo, más que por nuestro deseo de gratificar los sentidos materiales de nuestros cuerpos temporales.

PREMA-KIRTAN – el *kirtan* de invocación y respuesta (canto grupal) del amor sabio. El canto devocional de los santos nombres del *maha-mantra* del Supremo es una parte principal del sistema del *bhakti yoga*. Una palabra sánscrita relacionada es *kirti* (fama). Por lo tanto, *kirtan* significa glorificar nuestra Fuente cantando sus nombres.

PURANAS – dieciocho literaturas védicas mayores y dieciocho menores, compiladas por Vyasa. Son historias de este y otros planetas; literaturas complementarias de los *Vedas*, que discuten temas como: el Supremo, la creación del universo(s), las encarnaciones del Supremo y los semidioses, la historia de las dinastías de los reyes santos, la disolución del universo y la liberación de la entidad viviente, el alma.

RADHA – La pareja de Krishna, la encarnación de su potencia de placer desde la cual se expanden todas sus energías internas. Ella es su consorte eterna. Como el origen de todas las energías, ella es la fuente de todas las diosas. Ella es conocida como el alma de la conciencia ya que es muy querida por Krishna.

RUPA GOSWAMI – (1489-1564) estadista, poeta, filósofo, erudito y líder de los seis grandes maestros espirituales de Vrindavan a quienes Sri Chaitanya les pidió que compilaran y distribuyeran la doctrina/filosofía Bhakti

Vedanta. Investigó extensamente el canon védico y estableció la filosofía Bhakti sobre una base inquebrantable.

SABER (CHIT) – 1. Una cualidad de conciencia poseída por el ser finito y la Persona Suprema infinita. 2. TLa característica omnisciente de la realidad (Paramatma). Ver fundamento del saber. *Ver Sat-chit-ananda*.

SAMADHI – absorción total y trance de la mente y los sentidos en la conciencia del Supremo y el servicio a él.

SAMADHI BHASYA – comentario que es escrito mientras se está en absorción espiritual; el *Bhagavata* de Vyasa.

SAMSKARAS – impresiones indelebles en nuestro cuerpo psíquico: mente, inteligencia y ego falso.

SANNYASI – alguien en la orden de renuncia que está libre de relaciones familiares y en el que todas las actividades están completamente dedicadas al Supremo. Es la orden de los ascetas.

SAT (BEING) – *Ver* Ser.

SAT-CHIT-ANANDA – 1. "eternidad, conocimiento y dicha"; La condición natural de la existencia espiritual. 2. Las tres cualidades inherentes de la conciencia, Bhagavan Krishna, y su mundo espiritual.

SER (SAT) – 1. Una cualidad de la conciencia poseída por el ser finito y en medida completa por la Persona Suprema. 2. La característica de la realidad de la existencia eterna e ilimitada. Ver fundamento del ser. *Ver sat-chit-ananda*.

SHAKTI – las diversas energías del Supremo.

MARGINAL SHAKTI – en sánscrito es conocido como *jiva-shakti*, o el ser viviente, que es un alma eterna diminuta, parte del Supremo. Uno de los cinco *tattvas*, o categorías védicas de la verdad ontológica. La *shakti* marginal, o el ser, puede optar por ser sustentado por – o hacer su hogar en – la *shakti* espiritual (mundo de la conciencia) o la shakti material (mundo de la materia).

SHAKTI MATERIAL – en sánscrito es conocida como *maya-shakti*. 1. La energía externa del Supremo, que se manifiesta como el mundo de la materia; una energía que engaña al ser viviente en su olvido del ser y del Supremo. 2. Lo que no es: irrealidad, engaño, olvido, ilusión material.

SHAKTI ESPIRITUAL – 1. literalmente "energía espiritual"; en sánscrito es conocido como *svarupa-shakti*, o la energía interna del Supremo. 2. La energía fundamental del Supremo que sostiene el mundo de la conciencia más allá del mundo material. 3. El origen de la energía material así como de los seres vivos, unidades finitas de energía espiritual.

SHANKARA (CARYA) — un filósofo que vivió hace 1,400 años en el sur de la India y que propagó la filosofía Adwaita Vedanta. En ese momento, India estaba bajo el dominio del budismo, cuyos principios niegan la autoridad de los Vedas. A una edad temprana, Shankara escribió comentarios estableciendo una filosofía no personal similar al budismo, sustituyendo a Brahman (Espíritu) por el vacío del budismo. A través de este enfoque, restableció la importancia de los Vedas. Viajó por toda la India y, habiendo derrotado a los grandes eruditos de la época, los convirtió a su doctrina Adwaita, una interpretación no dualista de los Upanishads y el Vedanta, que es contraria al comentario de Vyasa. Dejó el mundo a la edad de 33 años.

SER SUPERIOR — *Ver Paramatma.*

UNIDAD — *Ver* Brahman.

UPANISHADS — 108 tratados sánscritos que encarnan la filosofía de los *Vedas*. Son tratados teístas y contienen las realizaciones y enseñanzas de grandes sabios y videntes de la antigüedad. Consideradas las secciones filosóficas más significativas de los *Vedas*, enseñan la filosofía del Brahman (Realidad) para aquellos que buscan la liberación del nacimiento y de la muerte.

VEDANTA SUTRAS (BRAHMA-SUTRAS) — el resumen concluyente de Vyasa del conocimiento filosófico Védico, escrito en códigos breves. La filosofía de la Verdad Absoluta (un término utilizado por la misma literatura), que encuentra expresión implícita en los *Vedas* y los *Upanishads*, se plasmó en una forma sistemática y más explícita en los *Vedanta Sutras*. En este trabajo hay cuatro divisiones: 1) reconciliación de todas las escrituras; 2) la conciliación consistente de himnos aparentemente conflictivos; 3) los medios o procesos para alcanzar la meta (realización espiritual del ser y la Divinidad); y 4) el objeto (o resultado/fruto deseado) logrado por el proceso espiritual. Vyasa resuelve las aparentes declaraciones contradictorias de la vasta y compleja literatura de los *Vedas* en este trabajo.

VRAJA — la querida comunidad de Krishna en el cielo espiritual, donde disfruta de jugar con todas las almas que están en relación con él, como su familia y amigos.

YOGA — 1. Una disciplina espiritual destinada a vincular al ser con el Supremo. 2. Literalmente, conexión; la disciplina de la autorrealización.

3. Uno de los seis sistemas de filosofía védica, enseñado por Patanjali.
4. Según la *Bhagavad Gita*, la forma más sublime de yoga es el *bhakti yoga*, el yoga del servicio amoroso, porque este yoga atiende a todas las necesidades y deseos inherentes del ser.

Bibliografía

A.C. Bhaktivedanta Swami Prabhupada. *Bhagavad-gita tal como es*. Texto sánscrito, traducción y comentario. Los Ángeles: The Bhaktivedanta Book Trust, 1980.

— *Sri Caitanya-caritamrta. Adi, Madhya,* y *Antya Lilas*. Texto bengalí, traducción y comentario. Los Ángeles: The Bhaktivedanta Book Trust, 1996.

— *Srimad-Bhagavatam*. Cantos del uno al diez, texto sánscrito, traducción y comentario. Los Ángeles: The Bhaktivedanta Book Trust, 1972–1980.

— *El Néctar de la Instrucción [Upadeshamrita]*. Traducido por A.C. Bhaktivedanta Swami con comentario. Los Ángeles: Bhaktivedanta Book Trust, 1997.

Beauregard, Mario and O'Leary, Denyse. *The Spiritual Brain: A Neuroscientist's Case for the Existence of the Soul*. Nueva York: HarperOne, Reprint Edition, 2008.

Bernard, Patrick. *Music as Yoga*. San Rafael, CA: Mandala Publishing. 2004.

Bhaktisiddhanta Sarasvati Gosvami Thakura. *Sri Brahma-samhita*. Texto sánscrito, traducción y comentario. Los Ángeles: The Bhaktivedanta Book Trust, 1985.

B. R. Sridhara Deva Goswami. *Srimad Bhagavad-gita*. Traducción al inglés por

Tridandi Bhiksu Sripad Sagar Maharaj. Navadvipa, India: Sri Chaitanya Saraswat Math, desconocido.

Brown, Brené. *Daring Greatly: How the Courage to Be Vulnerable Transforms the Way We Live, Love, Parent, and Lead.* Nueva York: Avery, 2015.

Bryant, Edwin F. *Bhakti Yoga: Tales and Teachings from the Bhagavata Purana.* Nueva York: North Point Press, 2017.

— *The Yoga Sutras of Patañjali: A New Edition, Translation, and Commentary.* Nueva York: North Point Press, 2009.

Brzezinski, Jan. *Mystic Poetry: Rupa Gosvamin's Uddhava-sandesa & Hamsaduta.* San Francisco: Mandala Publishing Group, 1999.

Childre, Doc and Martin, Howard. *The Heartmath Solution.* San Francisco: HarperCollins Publishers, 2000.

Desconocido. *Dance of Divine Love.* Revista De Vuelta al Supremo, Julio de 1975.

Goldberg, Philip. *American Veda: From Emerson and the Beatles to Yoga and Meditation How Indian Spirituality Changed the West.* Nueva York: Harmony, 2013.

Hart, David Bentley. *The Experience of God: Being, Consciousness, Bliss.* New Haven: Yale University Press, 2014.

Hillman, James. *The thought of the heart and the soul of the world.* Nueva York: Spring Publications, Inc, 2007.

Houston, Jean. *The Wizard of Us.* Nueva York: Atria Books / BeyondWords, 2012.

Inge, William Ralph. *The Philosophy of Plotinus: The Gifford Lectures at St. Andrews, Vol. II.* New York: Longmans, Green and Co., 1918.

Jiva Gosvami. *Gopala-campu.* Traducido por Bhanu Swami. Chennai: Bhanu Swami, 2009.

— *Sri Madhava Mahotsava.* Radha-kunda: Mahanidhi Swami, 2000.

Maung, Hane Htut. *Consciousness.* Raleigh: Lulu Press, 2007.

Moffitt, John. *Journey to Gorakhpur: An Encounter with Christ Beyond Christianity.* Austin: Holt, Rinehart y Winston, 1972.

Nakamura, Hajime. *A History of Early Vedānta Philosophy,* Volumen 2. Delhi: India. Motilal Banarsidass, 1983.

Narasimha, N.S. *The Way of Vaisnava Sages: A Medieval Story of South Indian Sadhus.* Lanham, MD: University Press of America, 1987.

Prothero, Stephen. *God is Not One: The Eight Rival Religions that Run the World—And Why Their Differences Matter.* Nueva York: HarperOne, 2010.

Rupa Gosvami. *Bhakti Rasamrta Sindhu* con comentarios de Jiva Gosvami y Visvanatha Cakravarti Thakura. Traducido por Bhanu Swami. Chennai: Sri Vaikuntha Enterprises, 2006.
— *Stavamala,* citado en el libro Nava-vraja-mahima por Sivarama Swami. Hungría: Editorial Lal, 2012.
Safina, Carl. *Beyond Words: What Animals Think and Feel.* Nueva York: Henry Holt and Co., 2015.
Sanatana Gosvami. *Sri Brhad-bhagavatamrta,* 1–3. Traducido por Gopiparanadhana Dasa. Suecia: The Bhaktivedanta Book Trust, 2002–2005
Schweig, Graham M. *Dance of Divine Love. India's Classic Sacred Love Story: The Rasa Lila of Krishna.* Princeton: Princeton University Press, 2005.
Smith, Huston. *The World's Religions.* San Francisco: HarperCollins, 1991.
Tripurari, Swami B.V. *Aesthetic Vedanta: The Sacred Path of Passionate Love.* Eugene: Mandala Publishing Group, 1998.
— *Bhagavad Gita: It's Feeling and Philosophy.* Eugene: Mandala Publishing Group, 2011.
— *Sacred Preface.* Philo: Darshan Press, 2016.
— *Siksastakam of Sri Caitanya.* San Rafael: Mandala Publishing Group, 2005.
— *Tattva Sandarbha: Sacred India's Philosophy of Ecstasy.* Eugene: Clarion Call Publishing, 1995.
Underhill, Evelyn. *Mysticism: The Preeminent Study in the Nature and Development of Spiritual Consciousness.* Nueva York: Image Classics (The Crown Publishing Group), 1990.
Vogler, Christopher. *The Writers Journey: Mythic Structure for Writers.* Studio City: Michael Wiese Productions, 2007.
Whitehurst, Richard. *Mahamantra Yoga: Chanting to Anchor the Mind and Access the Divine.* Rochester: Destiny Books, 2011.
Wohlleben, Peter. *The Hidden Life of Trees: What They Feel, How They Communicate.* Vancouver/Berkeley: Greystone Books, 2016.

Fuentes Online

Compassion: An evolutionary analysis and empirical review. Goetz, Jennifer L.; Keltner, Dacher; Simon-Thomas, Emiliana Psychological Bulletin, Vol. 136(3), May 2010, 351–374. http://dx.doi.org/10.1037/a0018807
Contemporary Talks, Tripurari, Swami B.V., iTunes. https://itunes.apple.com/us/podcast/contemporary-talks/id557560950?mt=2

"Decisions Are Emotional, Not Logical: The Neuroscience behind Decision Making." Big Think. http://bigthink.com/experts-cornerdecisions-are-emotional-not-logical-the-neuroscience-behind-decision-making

The Universe is a Symphony of Vibrating Strings. Kaku, Michio, YouTube, May 31, 2011. https://www.youtube.com/watch?v=fW6JFKgbAF4

Agradecimientos

Gracias, Arcana Siddhi, por nuestra amistad de toda la vida y por apreciar el borrador de cada capítulo cuando lo terminaba. ¡Tu generoso aliento me dio el coraje de seguir escribiendo incluso cuando sabía que debía parar! Extiendo mi profundo agradecimiento a Catherine Schweig, que es una artista de muchas formas de arte, por compartir la alegría y los desafíos de la escritura, crear un video libro para Amor sabio y carteles online, y guiarme hacia oportunidades de publicación a través de los años. Agradezco al Gainesville Poet & Writer's Group, David Petree, Dana Trent, y Syamasundara dasa por sus estimadas críticas en varios capítulos. Por una edición cuidadosa y sensible, ofrezco mi profundo agradecimiento a Amala Bhakti Dasi y Ananda Mayi Dasi. En cuanto a la copia editada final estoy agradecida a Nagaraja dasa. No puedo expresar con palabras el afecto que siento por la editora final de *Amor Sabio,* Kaisori Dasi, que infundió el texto con sabiduría e ideas que solo una mente astuta y un corazón dócil podrían aportar.

Esta edición en español fue traducida del inglés por alguien que deseapermanecer en el anonimato. Pedro Escoda (Partha das) editó su traducción. Me siento agradecida a ambos por sus regalos al público de habla hispana. En mis viajes de adolescente encontré que la gente de América Latina y el Caribe era piadosa y amable, por lo que siempre he tenido debilidad por ellos. Por eso, ver mis libros en español, por la generosidad de Partha, me resulta especialmente entrañable. Gracias, Partha por tu experiencia y dedicación desinteresada.

Adriana E. Landívar Segovia (Adri-lila dasi) se encargó de la maquetación de la edición en español y Janaki dasi de la corrección de pruebas. Gracias a ambas por su tiempo y entusiasmo para hacer disponible este libro en su lengua materna.

Sobre la Autora

Pranada Comtois es una peregrina devota que arroja luz sobre la escuela de sabiduría del bhakti con un enfoque en cómo cultivar el amor sabio en nuestras vidas y relaciones para poder experimentar el gozo inherente e ilimitado del ser.

A los dieciséis años conoció a su maestro AC Bhaktivedanta Swami y comenzó su estudio y práctica del bhakti. La sabiduría de su enseñanza crece al vivir durante veinte años en ashrams dedicados al bhakti, y otros veinte años criando una familia y dirigiendo dos negocios multimillonarios. Su escritura ha aparecido en numerosas publicaciones online e impresas, así como en los libros Journey of the Heart, Bhakti Blossoms y Goddess. Es una oradora destacada en la película Mujeres del Bhakti. Puede contactar a Pranada en pranadacomtois.com

Viaje al corazón de Bhakti

La guía de estudio de *Wise-Love* está disponible como versión Kindle en Amazon, o como un curso electrónico gratuito en

www.pranadacomtois.com/course/
journey-into-the-heart-of-bhakti/

Este curso te guía en una peregrinación interna para descubrir el verdadero yo, su Fuente Divina y el corazón de Bhakti. Experimenta el poder transformador del Bhakti y ve la vida desde una perspectiva espiritual.

"Journey into the Heart of Bhakti" está diseñado para ser utilizado por individuos, grupos o profesores de yoga.

Ya seas profesor o alumno, este curso electrónico te ayudará a asimilar e internalizar conceptos clave en *Wise-Love* a través de debates, experimentos y meditaciones.

"El único viaje es el interior." —Rainer Maria Rilke

www.ingramcontent.com/pod-product-compliance
Lightning Source LLC
Chambersburg PA
CBHW070420010526
44118CB00014B/1828